JN239056

広報担当の仕事

新版

実践マニュアル

すぐに役立つ100のテクニック

五十嵐 寬
HIROSHI IGARASHI

NEW EDITION

東洋経済新報社

はじめに ～改訂にあたって

　「こんな時はどうすればいいの？」「まずどこから手を付けたらいいか分からない」「会社と記者の狭間で自分の立ち位置を見失いがち」などなど、多くの広報担当者が共通して抱えるこうした疑問、悩みに答えたい――そこが原点だった。それには、紙に記せる知識やノウハウだけでも役立つことがあるはず、という思いから、本書『実践マニュアル　広報担当の仕事　すぐ役立つ100のテクニック』を執筆したのが2003年の夏から秋だった。

　初版発行が2004年初めのことで、それからすでに10年以上が経過している。自信を持って世に送り出したつもりだったが、発売後は皆様にどう受け止められるか、かなりヒヤヒヤしたのを覚えている。ありがたいことに、たくさんの方から「実践的」「分かりやすい」とご好評をいただき、出版社の東洋経済新報社には何度か版を重ねていただくこととなった。

　初版発行から10年。その間、私たちは東日本大震災と原発事故を経験し、人々は以前にも増して絆や関係を大事にするようになった。またインターネットの技術革新も著しく、10年前にはあまり語られることのなかったソーシャルメディアが一気に普及した。そしてこれらの結果、企業サイド、顧客・消費者サイド双方から、これまでにない関係構築を求めて、ソーシャルメディアを活用する動きが続いている。ここ10年で、広報にまつわる大きな変化とは何かと問われれば、筆者は迷わず、この新しい関係の模索を挙げる。

　本書の改訂にあたり、新たに「ソーシャルメディアと広報」の章を加えたのは以上の理由からだ。全体の構成としては、タイトルにある「100のテクニック」を維持したため、新しいパートに代わってカットするパートを作らざるを得ず、やむなく従来版Ⅵ章の「広報代理店と付き合う」を選んだ。したがって、この改訂版で新たに書き起こしたのはⅥ章の「ソーシャルメディアと広報」のほか章末のコラム、Ⅴ章の「不祥事や危機に備える」およびⅦ章の「トップ直結の広報を目指す」の一部にとどまった。その他の章については内容を改めて精査し、一部記述の修正やデータの更新を施したが、基本

的には初版以降のものと変わっていない。

　本書はもともと、事例集やトレンドを追いかけたハウツー本のように「今、何が大事か」を説くのではなく、できるだけ業種業態、時間軸を超えて普遍的に、広報担当者が知っているべき知識や、身に付けるべきノウハウを集めたものと自負している。そのため大幅改訂はあえてしていないが、今初めて本書を手に取った方も安心して、ここに書かれた内容から仕事に役立つコツや、広報の現場感覚を安心してくみ取っていただければと思う。

　なお、この改訂版でも、本編中では特に断らない限り、民間企業（会社）での広報業務を想定して記述している。もし貴方が公務員や団体職員、学校関係者の場合、適宜「会社」という語を所属する組織に、「社長」という語をその組織の長に読み替えていただきたい。また、広報業務を行う部署は会社によって、広報部だったり課だったり、室だったりと様々だろう。これも便宜上、「広報部」と読み替えていただきたい。

2014年8月

筆　者

CONTENTS
目次

はじめに――改訂にあたって　003

Intro　イントロダクション　011

1 ▶ 広報って何だ？　012
2 ▶ 広報担当者にとって欠かせない3つの原則　014
3 ▶ 広報業務の基本的考え方　016
4 ▶ 組織としての広報　017
5 ▶ 超ベーシック用語10　018

広報100のテクニック ▶ 001-020

I　"コムパケ"を作ろう　021

001 ● コムパケ単位で仕事を能率的に進めていく　022
002 ● 広報活動の案件リストを用意しておく　024
003 ● 社内に情報を取りに行く〜社内取材用フォーマット　026
004 ● プロポーザルの作り方〜代理店AEは提案力が勝負　028
005 ● キーメッセージとトーキングポインツ　030
006 ● ニュースリリースの書き方〜常識・非常識(1)　032
007 ● ニュースリリースの書き方〜常識・非常識(2)　034
008 ● 連名リリースと単独リリースの使い分け方　036
009 ● 翻訳リリースの違和感〜和文英文リリースの違いはどこ　038
010 ● ニュースリリースの配布の仕方　040

011 ● プレスキットには何を入れるか〜ファクトシートの種類　042
012 ● 外資系企業トップのプロフィールの作り方　044
013 ● 意外とウケないギブアウェイ　046
014 ● 想定問答の作り方　048
015 ● アンケートをお願いしよう　050
016 ● 発表直前の最終チェックとトップへのブリーフィング　052
017 ● メディアリストはこう管理する　054
018 ● モニタリングとクリッピングは外注＆自分でやる　056
019 ● プロジェクトの結果を評価する　058
020 ● ケースクローズ〜整理の仕方〜コムパケをレポートに　060
コラム1　コミュニケーションは「伝わらない」を前提に　062

広報100のテクニック ▶021-042

II　受けの広報と記者会見　065

021 ● 取材依頼が入ったら〜まず確認することのフォーマット　066
022 ● 記者はどこで何を調べて取材に来るか　068
023 ● 電話対応で記者の好印象をゲットする5つのポイント　070
024 ● 受けられない取材を断るには　072
025 ●「ノーコメント」に代わるノーコメント　074
026 ● オフレコはあり？　なし？　076
027 ● 記者が使う、インタビュー時のテクニック9　078
028 ● 記者クラブとそのルール　080
029 ● 記者クラブの変化と今後の付き合い方　082
030 ●「記者会見」「記者発表会」「記者説明会」違いはあるの？　084
031 ● 一般紙と業界紙、記者とアナリスト、会見での同席は？　086

CONTENTS

032 ● 記者会見の準備～スケジュールとチェックリスト　088
033 ● 記者会見の進行（1）　090
034 ● 記者会見の進行（2）　092
035 ● 記者会見はどこで行なうか　094
036 ● 下見は絶対にすること　096
037 ● 記者会見は何時に始める　098
038 ● 招待状と返信票で出欠確認をしっかりと　100
039 ● 会見直前の準備～プレスキットとスタッフの配置　102
040 ● リハーサルとテクニカル・ランスルー　104
041 ● 受付にもコツとマナーがある　106
042 ● 質疑応答時～MCの4つの役割　108
コラム2　ブランディングと広報　110

広報100のテクニック ▶ 043-067

III 攻めの対外広報を実現する　113

043 ● 攻めるパブリシティ～記事はこうして獲得する　114
044 ● ターゲットとなるメディアと記者の見つけ方　116
045 ● 歳時モノや季節モノ、セレブリティをからめて露出アップ　118
046 ● トレンドをまとめて持ち込む傾向記事パブリシティ　120
047 ● これぞ醍醐味、社会の役に立つ啓蒙パブリシティ　122
048 ● 社内にエキスパートがいれば寄稿という手もある　124
049 ● 顧客を立てて一歩引く～ケーススタディ・パブリシティ　126
050 ● 地方でのパブリシティは効果絶大　128
051 ● 記事の著作権～コピーやFAX、抜き刷り、翻訳の話　130
052 ● 募集モノは広報イベントの常套手段　132

053 ● 発表日時を選ぶコツ〜いつが一番効果的？　134
054 ● １社リークをどう考えるか　136
055 ● ３社レクなど、小グループ発表会　138
056 ● 通信社を活用した効果的な情報発信　140
057 ● 海外特派員に日本から情報を提供しよう　142
058 ● メディアツアーをやろう　144
059 ● ニューズレターで記者の関心を維持しよう　146
060 ● 個別インタビューの基本スタンス５　148
061 ● インタビュー前トップに伝える５つのポイント　150
062 ● 記者がストーリーを決めてコメントだけを取りにきた　152
063 ● インタビューを受ける際のちょっとしたテクニック５　154
064 ● 主導権をどうとるか　156
065 ● トップにメディアトレーニングを受けてもらう　158
066 ● 誤報対応〜会社の価値を守り次につなげる一手とは　160
067 ● 定期的なメディア・オーディットで定性調査　162

広報100のテクニック ▶ 068-075

IV 年間広報プランを立てる　165

068 ● プランはいつ立てる？　166
069 ● プランニングを楽にする「スリーチャート方式」　168
070 ● 目的と目標の設定（チャート１－１）　170
071 ● 広報戦略の考え方（チャート１－２）　172
072 ● ターゲットを切り取る（チャート２－１）　174
073 ● キーワードは常にターゲット側の視点で（チャート２－２）　176
074 ● アクションプラン〜企画案の100本出し　178

075 ● スケジューリングと予算管理（チャート３） 180
コラム3　CSRと広報　182

広報100のテクニック ▶076-089

V　不祥事や危機に備える　185

076 ● 広報こそ「企業の最後の良心」　186
077 ● 危機管理とクライシス・コミュニケーション　188
078 ● 社員の自損事故を深夜にトップに伝えるか　190
079 ● 何はなくともQ&Aとホールディング・ステートメント　192
080 ● クライシス・コミュニケーションの組織と役割　194
081 ● クライシス・コミュニケーション・マニュアル　196
082 ● クライシスに直面してすぐに聞かれる質問　198
083 ● 社内啓蒙活動をどうやるか　200
084 ● 習うより慣れろ〜定期的なシミュレーション・トレーニング　202
085 ● 事故発生！　現場力が明暗の分かれ目　204
086 ● 謝罪会見・釈明会見12のポイント　206
087 ● 緊急会見の準備　208
088 ● 嫌がらせや脅迫にどう対処するか　210
089 ● 社会部記者の特徴を知っておく　212
コラム4　マーケティングと広報　214

VI　ソーシャルメディアと広報

広報100のテクニック ▶090–097　　217

- 090 ● ソーシャルメディアとは　218
- 091 ● 企業によるソーシャルメディアの活用　220
- 092 ● ホームページが前庭なら Wikipedia は裏庭だ　222
- 093 ● ソーシャルメディア・ポリシー（ガイドライン）　224
- 094 ● 炎上〜非がある炎上とない炎上　226
- 095 ● 知っておくべき、「自分に非がある炎上」の5パターン　228
- 096 ● 炎上！〜監視と対応　230
- 097 ● 炎上からリカバリーする7つのステップ　232
- コラム5　ROC と相手本意　234

VII　トップ直結の広報を目指す

広報100のテクニック ▶098–100　　237

- 098 ● トップに広報マインドがない！　238
- 099 ● 広報の社内地位をいかに上げていくか　240
- 100 ● 広報がトップ直結でなければならない3つの理由　242
- コラム6　CCO を目指そう　244

おわりに　247
資　料　249
用語索引　269

イントロダクション

▼

　対外広報の実務を行なうにあたり、常に念頭に置いておきたい原則がある。迷った時、どうしていいか分からなくなった時、常にそこに立ち返るべき「拠り所」と言ってもいいだろう。これを踏み外してしまうと、メディアとも良い関係を築けないし、社内の調整や説得も上手くいかなくなる。つまり、広報活動が立ち行かなくなってしまうのだ。
　100項目の実践テクニックを集めた本編に先立ち、まずその原則とは何か、そして広報の基本的な考え方とは何なのか、ここで整理しておこう。

1　広報って何だ？

①　広報は、自己紹介でよく使う「よろしく」を実践するもの

　広報は自己紹介に似ている。「私は田中と申します。東京は世田谷に住んでおり、銀行に勤めています。趣味は音楽鑑賞です」というアレだ。

　自己紹介の目的は、自分を周囲の人に知ってもらってより良い関係を築き、相手から何か好意的な行動を引き出して、自分がそこでやろうとする活動をしやすくすることにある。これを会社に当てはめてみると分かりやすい。ある会社が投資家を前に自己紹介する場面を想定しよう。

　「当社は田中工業と申します。精密機器用のプリント基板の技術で世界的な特許を持っており、今後3年間は営業利益で毎年30％の成長を見込んでいます」。この時、会社紹介という行為自体は、田中工業の会社概要や得意分野、今後の成長見込みといった情報を提供するにすぎない。しかし、この情報提供の目的は、ただ投資家に田中工業を知ってもらうということではなく、この会社に投資してもらいたい、ということである。そして投資を得るためには、田中工業はこの後も継続して情報を提供したり、投資家の意見を聞き入れるといった努力を続けていく必要があるだろう。

　日本人が日本語で自己紹介をすると、たいていの人は最後に「よろしくお願いします」と付け加える。これは魔法のような言葉で、同じ日本人同士なら、言った方も言われた方もそれで何となく意味するところが分かってしまう。自分の目的をハナからはっきりさせることを嫌ったり、そもそもはっきりさせない習慣があるので「よろしく」となるのだろう。いずれにせよ、「よろしく」には、自分にとって何か好意的なアクションを期待するニュアンスが込められている。

　これと同様、広報活動では、自らの会社のことを様々な角度から説明するだけでは不十分だ。「よろしく」に相当する部分、つまりその説明を受けた人に何らかの好意的な行動を起こしてもらうことを目的とすべきである（そのため、こちらも「よろしく」してあげることは言うまでもない）。

　好意的な行動とは、例えば先ほどの田中工業なら自社の株を買ってもらう

ということであり、従業員向けの広報活動では、全社員に同じ方向性で働いてもらうということになるかもしれない。学生向けの広報活動では、その会社の入社試験を受けてもらうことが当面の目的になるだろう。

そういった行動を期待する以上、「誰に対して」その働きかけを行なうのか、ターゲットをきっちりと定め、一番効果的な方法をとる必要がある。

英語には「よろしく」に対応する表現はない。これを表現するには、具体的に誰に対して何をどうしてほしいのか、はっきりさせる必要がある。広報も同じだ。「誰に対して」「何を」「はっきり伝える」という点は非常に重要で、広報の基本中の基本となるものだ。「そんなことはっきり言わなくても」という日本の古き佳き奥ゆかしさと、時に衝突もするだろう。

② 広告と広報の違い

「日経に記事を出すには、いくらぐらいかかるんですか？」

広報代理店がクライアントの新任広報担当者からたまに受ける質問である。もちろん日本経済新聞にお金を払って"記事"を書いてもらうことなどあり得ない。質問する人が、広告（記事体広告）と広報を混同しているのだ。

よく言われることだが、広告はお金を払って新聞や雑誌、テレビなどのスペースを買い、そこを使って自由に宣伝する。それに対し広報はお金を払わず、記者に情報を提供し記事を書いてもらう。当然広報の方が内容の自由度は低いし、意図しない内容にされてしまうこともある。反面、マスメディアという中立性のある機関が報道することで、情報の信憑性は広告よりも高くなる。日本は特にマスメディアの報道への信頼度が高いので、良い記事が出ると会社の業績にも良い影響を受けることが多い。

③ 広報の業務内容

では、実際に会社の中で、広報はどのような仕事をしているのだろうか。次頁の図表「1.本社広報部門で対応している広報活動」は、一般財団法人経済広報センターが同センターおよび経団連の会員企業533社を対象に行なった広報活動についての調査結果のひとつだ。「本社の広報部門で対応している業務について」という問いの回答をまとめたものだが、これで多くの企業の広報部が何をやっているかが分かる。また、図表「2.重視する広報活動の対象」は、同調査における「広報活動において特に重視する対象について」

1. 本社広報部門で対応している広報活動（複数回答）

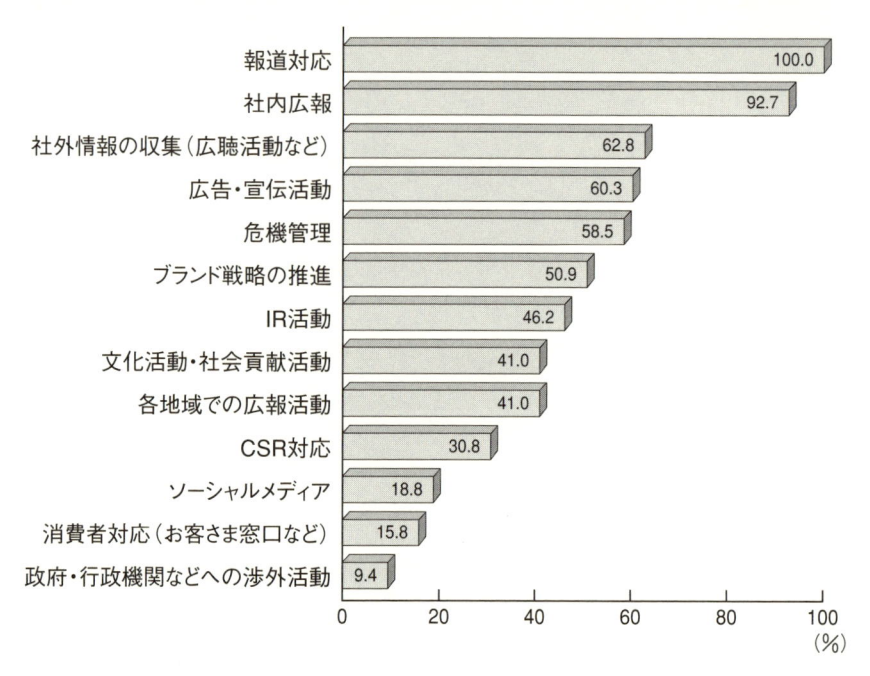

広報活動	%
報道対応	100.0
社内広報	92.7
社外情報の収集（広聴活動など）	62.8
広告・宣伝活動	60.3
危機管理	58.5
ブランド戦略の推進	50.9
IR活動	46.2
文化活動・社会貢献活動	41.0
各地域での広報活動	41.0
CSR対応	30.8
ソーシャルメディア	18.8
消費者対応（お客さま窓口など）	15.8
政府・行政機関などへの渉外活動	9.4

（出所）『第11回企業の広報活動に関する意識実態調査報告書』一般財団法人経済広報センター。

という問いの回答結果だ。

　先の図表とあわせて見てみると、企業の広報業務は、社内外の様々な利害関係者とのコミュニケーションが主な役割で、特にメディア対応を重視していることが分かる。

2　広報担当者にとって欠かせない3つの原則

　広報担当者が日々業務を行なう上で、常に念頭に置くべき原則は、「事実を尊重する」「正しいことをする」「誠実であること」の3点だ。それぞれを個別に解説しよう。

2. 重視する広報活動の対象

重視している対象（上位3つを回答）としては、「報道関係者（マスコミ）」を挙げる企業が84.6％と突出して多い。次いで「社員、グループ会社社員」（44.4％）、「株主、投資家」（42.7％）となっている。

重視する広報活動の対象（「最も重視」「次に重視」「3番目に重視」の回答を合算）

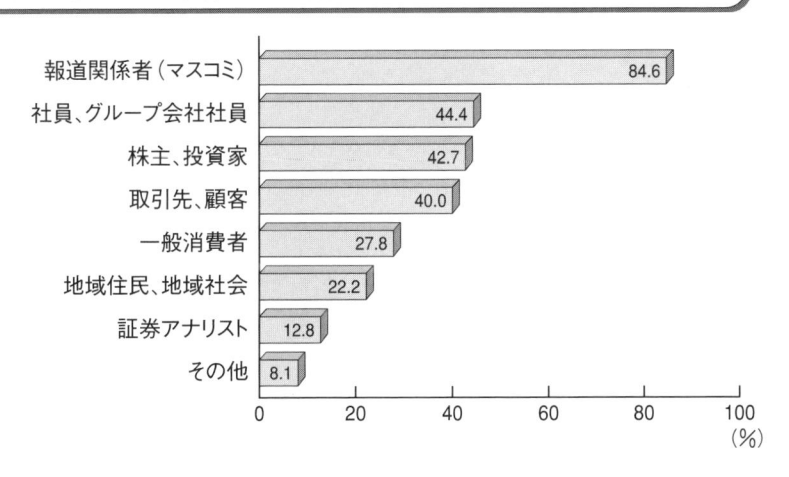

対象	%
報道関係者（マスコミ）	84.6
社員、グループ会社社員	44.4
株主、投資家	42.7
取引先、顧客	40.0
一般消費者	27.8
地域住民、地域社会	22.2
証券アナリスト	12.8
その他	8.1

（出所）『第11回企業の広報活動に関する意識実態調査報告書』一般財団法人経済広報センター。

① 事実を尊重する

　どんな記者に聞いても、広報担当者に必要な要件として「嘘をつかないこと」が挙がる。これを半歩進めて考えると、嘘をつかないだけでなく、事実を尊重すべし、ということになる。事実の前では、どんな言い訳も企業の論理であり、ご都合主義であり、無意味なものとなる。いくら社長がシロと言っても、事実がクロならクロなのだ。記者に事実を掴まれたら、会社として都合の悪いことであっても認めるべきだ。会社ぐるみで嘘をついてしまっては社会的な信用が失墜し、さらに事態が悪化する。広報を担当する以上、事実が何よりも尊重されるということを、頭に叩き込んでおく必要がある。

② 正しいことをする

　広報は、世のため人のためとなることを常に優先して考えるものである。

そのため広報担当者は、いつも公明正大かつ、公平でいなければならない。これはメディアが、社会の公器として中立性を保つ努力を欠かさないのと同様である。では、毎日の業務で正しいことを実践するとはどういうことだろうか。ひとつには記者やアナリストを選り好みしないことだ。また、約束を必ず守る、借りは返す、といったこともそうだろう。記者との関係においても、会社とメディア、どちらにも偏りすぎないことが望まれる。

③ **誠実であること**

人々が報道を通してその会社に対する印象を持つ際に、どんなイメージを持ってもらうかは、広報の仕事いかんにかかっている。つまり広報は会社の顔であり、会社を代弁するものなのだ。日頃の誠実な対応が、メディアをはじめとする各ステークホルダーとの良好な関係を築くことは言うまでもない。また、会社がいくら法を遵守していても、事業を正しく行っていても、道義的責任を軽視したら社会から叩かれる。この道義的責任を主体的に考えるのも、広報の役目なのである。

3 広報業務の基本的考え方

広報の業務内容は多岐にわたり、これといった決まりや枠はない。広告やマーケティング、営業活動（販売促進）に商品開発、さらには社長業ですら、広報活動の一環と言えないこともない。しかしそれでは、これから広報に取り組んで行こうとする人をかえって混乱させるだけだろう。あえて一般的な広報業務を定義すると、以下のようになる。

「広報とは、ある主体がそのステークホルダー（利害関係者）との良好な関係作りを通して何か好意的な見返りを得ようとする活動であって、直接金品のやり取りをせず、主として情報の交換や善意の行動をその手段とするもの」

この定義に当てはまる活動は、すべて広報活動と言えよう。そしてこのステークホルダーごとに、広報活動は対外広報、社内広報、株主広報などいくつかの呼び名に分類される（19頁、20頁）。

こういった分類はできても、その中に収まるはずの具体的な活動はまた様々だ。きっと広報を実践していくうちは、常に新しいことへのチャレンジや経験したことのない事態への対応に追われることだろう。そこで、多くのケースに応用が利く、広報の基本的な考え方をここで紹介しよう。

① 対象に迫っていく

　とにかくターゲットをとことん限定して、対象に迫っていくことだ。いくら社会のためになることをしようとしても、対象が「世間一般」ではぼやけた活動になってしまう。一番重要な相手を特定し、限定して働きかけなければ望むアクションは引き出せない。場合によっては、対象に迫っていくと個人まで特定できるだろう。DM（ダイレクトメール）を打ったり直接面会することも、立派な広報活動だ。もちろん相手がもっと不特定多数なら、間にいるメディアを活用すると効率的だ。

② ニュースをプロデュースする

　どんな広報活動もニュースありきだ。ここでいうニュースとは、あるターゲットが関心を持つ事実や情報を言う。ターゲットに何かアクションを起こしてもらいたいなら、まずその人たちが関心や興味を持つネタを用意しよう。

　ターゲットとそれに応じたニュースを把握すること、これが広報の基本だ。

4　組織としての広報

　ここまでは広報担当者の個人的な取り組みについて述べた。しかし組織で広報を行なう以上、広報担当者一人がすべての任に当たることはできない。企業が事件や事故に直面した際、その会社の社員一人ひとりも周囲から会社の代表と見られることを考えれば、想像に難くないだろう。これは平時の企業広報や商品広報でも全く同じことだ。その会社の人が言ったことであれば、社長や広報の言葉でなくとも、公式なコメントとして記者に使われてしまう。悪気がなくても役員や社員が喋ってしまえば、いくら広報が神経を遣ってメディア対応をしていても台無しだ。それで会社として大きな損害を被ることもあり得る。今や情報は人・モノ・金と並ぶ重要な経営資源なのだ。

以下は組織的広報の原則だ。経営会議や役員会、部長会といった会議の席で念を押したり、社長メッセージとしてイントラネットに載せるなどの手段を講じ、社内に徹底を図りたい。

① **メディアからの問い合わせは広報に回す**

メディアらしきところから電話がかかってきたら、記者かどうかの判断や、取材かどうかの判断もせず、その人の連絡先を聞いて、それを広報担当者に伝えてもらう。広報に内線で回すかダイヤルインの番号を教えてもいい。

② **直接取材に来ても一般的な対応以外コメントしない**

文字通りの門前払いは失礼だ。まずは普通に外部の人を迎える対応をした上で、「当社ではメディアの方とのお話はすべて広報か、広報が同席のもと行なう決まりがあります」などと伝え、広報につないでもらおう。

③ **オフレコや「私見でいいから」という誘いに乗らない**

記者には「鈴木さんの個人的な考えでいいので教えてください。絶対鈴木さんや鈴木さんの会社が言ったなんて書きませんから」と持ちかけてくる人もいる。ならば、と乗ってしまっては大間違いだ。一社員のコメントでもその会社のコメントだし、それがニュースであれば記者は書く。その結果会社が損害を被っては問題だ。情報を開示する・しないは、広報をはじめ関係者が熟慮して方針を決めていることをすべての社員、役員にきちんと理解してもらおう。

5 超ベーシック用語10

さて、心構えや原則や基本的な考え方などはここまでだ。次項からは実践的なテクニックの紹介・解説に入る。専門用語にはその都度説明をつけるが、ここでも最低限必要だと思われる、ベーシックな用語を解説しておこう。なお、巻末に索引を付けているので、そちらも参照してほしい。

① **広報**

Public Relations（PR）の日本語訳。本書としての定義は16頁に示した。PRも一般的だが、日本では宣伝と混同されているので本書では広報に統一して

使用している。広報をステークホルダーの居場所によって、社内と社外を分けたとき、社外向けを対外広報、社内向けを社内広報と呼ぶ。

② **メディア：Media**

マスコミ、媒体とも言う。新聞、雑誌、テレビ、ラジオ、ウェブのニュースなどを指す。本書では主にメディアを使っているが、広報業界の慣習に倣って「媒体資料」などと適宜使い分けている。

③ **担当記者**

新聞社などの報道機関は、取材するニュースによって記者が所属する部署が分かれている。新聞や通信社は概ね紙面ごとに分かれていると思っていい。政治面は政治部、経済面は経済部、スポーツ面は運動部、といった具合だ。その中で、さらに取材するニュースの種類や取材先（記者クラブも含む）などで担当が割り振られている。企業に一番取材に来るのは経済部（産業部）だが、自動車担当、電機担当などの担当がある。基本的に企業の側はこの担当記者と付き合うことになり、他に知っている記者がいても担当が違えば取材はしてもらえないというのが原則だ。担当は2〜4年で代わるのが一般的で、日本経済新聞は特にローテーションが早い。

④ **ステークホルダー：Stakeholder(s)**

利害関係者。すべての主体は社会の中で利害関係者を持っている。企業なら従業員、株主、顧客、政府など。こういったステークホルダーひとつひとつの総称をパブリックス：Publics という。これとの関係を扱うのがPR、すなわち広報だ。

⑤ **ターゲット**

ステークホルダーのうち、特に重点的に働きかけたい人たちを指す。「顧客」というだけでなく、「都市部に暮らす20代後半の未婚女性」というようにできるだけ細かく特定した方が、響くメッセージを送りやすい。

⑥ **ニュースリリース**

報道関係者に出すニュースを書いた資料（リリース、レリースも同じ意味）。これに対し、情報のアップデートなどを目的とした、ニュース性が低いものはニューズレターという。

⑦ **パブリシティ**
　対外広報の中に含まれる、ひとつの戦術。情報を報道機関の記者に提供し、記事にしてもらうプロセスと、その記事そのものの、両方を指す。広告よりも信憑性が高い。パブリシティで記事などが出ることを、露出と呼ぶ。

⑧ **ネタ**
　ニュースとなる前の素材のこと。ニュースとならない場合もある。記者に提供する情報を一般にこう呼ぶ。

⑨ **企業広報（コーポレート・コミュニケーションズ）**
　企業が行なう広報活動の総称だが、そこからIR（インベスターリレーションズ、株主広報・証券広報）とマーケティング・コミュニケーションズ（商品広報、販促広報）を除いたもの、すなわち決算や人事、主要な新製品発売といった経営全般に関する対外発表や、経営トップのインタビュー、危機管理に関するクライシス・コミュニケーション、社内コミュニケーションなどを指すことが多い。

⑩ **商品広報（マーケティング・コミュニケーションズ）**
　商品やサービスの販売促進を目的とした広報活動。主に商品の紹介を狙ったパブリシティを指すが、街頭イベントや見本市なども含むことがある。

※ **案件（プロジェクト）**
　これは一般に広報業界で使われている語句ではないが、本書では広報業務のひとつひとつの区切りを案件またはプロジェクトと呼んでいる。「人事異動の発表」「副社長へのメディアトレーニング」「新製品の記者発表」「入社式の社長訓示」などなど、どれも案件、一プロジェクトとして記述している。

I

"コムパケ"を作ろう

広報100のテクニック
001-020

「対外広報のプロジェクトを任されたが、何から手をつけたらいいか分からない」「上手く仕事を進めることができるか不安だ」「どうもいつも社内とぶつかって協力が得られない」といった悩みを抱えている広報担当者は少なくない。そんな人たちに、"コムパケ"という発想を提案したい。コミュニケーション・パッケージ(コムパケ)の完成を目指し、ひとつずつアイテムを揃えていけば、それが対外広報を進めるプロセスとなり、同時に社内の調整もしやすくなる。この章ではコムパケの作り方とその活用方法を、サンプルやフォーマットとともに紹介する。

001 コムパケ単位で仕事を能率的に進めていく

　広報担当という職種の人たちは、会社の発表案件や広報活動のプロジェクトを一人でいくつも抱え、タイミングを計りながら外部のターゲットにそれを働きかけている。コミュニケーション・パッケージ（コムパケ）とは、そういった案件（プロジェクト）ごとにひとつずつ完成を目指して作っていく資料であり、その作成プロセスは、対外広報のプロセスそのものとなる。

　パッケージというくらいだから、当然その中身はいくつかのアイテムに分かれている。標準的なコムパケの構成は右頁のようになる。

　どうだろう。ひとつひとつを見れば普段自分たちが会社で作っているものと何ら変わらないのではないか。そう、これはただ、仕事を能率的に進めるためにひとまとめにし、コムパケという名を与えたにすぎない。しかし、コムパケでは『上半期記者懇談会〜コミュニケーション・パッケージ』などと表紙をつけ、物理的なファイリングを行なう。また自分のPC（パソコン）や会社のサーバーにもコムパケのフォルダを作り、四半期ごと、月ごと、あるいは案件の種類（新製品や人事異動など）ごとにサブ・フォルダを作って、でき上がったコムパケを格納していく。ここまでやることが大事なのだ。

　コムパケは一度に完成しない。その案件の進行具合に応じてファイルの厚みが増し、ハードディスク内のファイル数が増えてくる。コムパケ自体が対外広報のプロセスというのは、まさにここの部分がポイントなのだ。つまり、ある案件を任されてどこから手をつけたらいいか分からなくても、右頁の上から順にコムパケを作っていけば仕事が前に進んでいくのである。広報代理店を使っている人は、AE（アカウント・エグゼクティブ：主担当者）と一緒にコムパケを作るつもりで仕事を進めるとお互いにやりやすくなる。

　次項からはこのコムパケに収められるべきひとつひとつのアイテムの必要性と、作り方のテクニックを解説する。

コミュニケーション・パッケージの基本的な構成

基本的項目	社内用プロポーザル 　企画概要（何をしたいのか、端的に） 　背景・意義（なぜやるか、どうして必要か） 　目標・目的 　戦略 　ターゲット 　キーメッセージ 　トーキングポインツ 　アクションプラン（具体的に何をするか） 　スケジュール 　効果（何が期待できるか＝後での評価指標になる） 　予算
	プレスキット 　ニュースリリース 　ファクトシート 　その他説明資料 　写真
	想定問答集
個別インタビューの場合	概要（インタビューの日時・会場など）
	取材媒体と記者のプロフィール
	記者に出してもらった取材趣意書と主な質問事項
	自社のスポークスマン（対応者）のプロフィール
記者会見の場合	概要（記者会見の日時・会場）
	実施までのスケジュール表
	役割分担表兼チェックリスト（いつまでに誰が何をやるか）
	記者会見進行表（進行台本）
	MC（司会者）用台本
	出席媒体リスト（当日まで毎日更新）
	招待状＆出欠確認用返信票
	発表者のプロフィール
	会場レイアウト図
	パーティがあればその概要（レイアウトやメニューも）
	会場の見積書
	発表者用原稿
	発表者用手元資料
発表後には	質疑応答の議事録
	掲載記事やニュース番組のキャプチャー画面
	広告換算などの効果測定結果
	アンケートをとったらその結果
	報告書

002 広報活動の案件リストを用意しておく

　コムパケをどんどん新たに増やしていくことは自分の仕事の能率化に直結する。同じプロジェクトを繰り返して行なうことはないにしろ、似たようなものならある程度の上書きで再利用が可能だからだ。できるところで時間をセーブし、もう少しレベルの高い案件にチャレンジしたり、空いた時間で記者と飲んだりした方がずっといい。

　ところで広報担当者が椅子にどっかりと座っていても次から次へと案件が舞い込んでくる会社は幸せだ。広報の意義がよく理解されているのだろう。しかし実際は広報担当者のもとに全く案件となるネタが寄せられない会社も多いのだ。

　となると広報担当者は自分でネタを探さなくてはならない。言い換えれば、コムパケにする案件を自分で作らなければならないのだ。広報代理店なら、ここでどれだけクライアントに提案できるかが優劣の分かれ目となる。

　探すといってもどこにどう目星を付けたらいいか分からない人もいるだろう。右頁は、ネタとなるかどうかの判断基準と、主な案件リストである。もちろん、これで全部というわけでは全くないが、これである程度の見当をつけて、社内にネタを探したり、プロジェクトを計画してみてはどうだろう。

　まずは会社の現在のポジションや、進んでいる方向性などを加味して、今この中で取り組むべきは何か、優先順位をつけてみるといい。今期は新製品のニュースリリースと記者向けの工場見学会、来期はさらに中国工場の視察と記者懇談会もやろう、という具合にピックアップし、それらの案件が社内で実現可能か諮ってみるといい。またそれを可能にするだけのネタが社内にあるか、取材も必要だ。

　本来、いつどんな活動を行なうか、ということは、年度末に近づいた頃に、来年度の計画立案としてなされるべきだ。本書でも、第Ⅳ章で年間プランの立て方を解説しているのでそちらも参照されたい。

ネタとなるかの判断基準＝ニュース性

ニュース性とは…

今までにない新しいもの
初めてのもの（世界初、日本初、業界初、当社初）
従来のものからブレイクスルーがあったもの
必要とする（関心を持つ）人がいるもの
ステークホルダーに言っておくべき大きな変化

→ どれかひとつでも当てはまればネタになる

ネタがみつかれば → 案件（プロジェクト）に仕立てる

主な広報案件にはこんなものがある

発表会関連
記者会見
記者説明会
記者発表会
プレスプレビュー
プレスパーティ
記者懇談会
ラウンドテーブル
3社レク
個別インタビュー
一紙リーク
ネタの持ち込み

発表ツール別
プレスリリース
ニューズレター
ビデオレター
記事体広告

出張がらみ
メディアツアー
工場見学
オープンハウス
地方紙パブリシティ

販売促進
プライベートセミナー
プライベートカンファレンス
座談会
展示会
見本市出展
新作発表会

社会的活動
トップと政・学との対談
ボランティア活動
社会貢献/CSR
各種コンテスト主催

毎年の恒例案件
年頭所感
賀詞交換会
記者クラブの新年会
人事異動・組織改革
入社式
株主総会
決算発表　中間決算
海外ロードショウ
記者クラブの納会

003 社内に情報を取りに行く
〜社内取材用フォーマット

　社内にネタを探す場合もコツがある。社外の人に話す際に、どれだけ目新しい情報を提供して相手を引きつけることができるかという視点で探すことだ。しかし、取材する広報担当者自身がその判断ができないとなかなか難しい。それでなくても忙しい開発やマーケティング、営業の担当者に時間を割いてもらうのだから、同じ取材を2度はできないと思った方がいい。

　右頁は社内取材時に書き込むためのフォーマットだ。これに沿って社内取材先の人に聞いていけば、後でニュースリリースを作成する時にも役立つ。

　もし自分も相手も忙しく時間が限られているようなら、なぜこれらの情報が必要かをきちんと説明した上で、このフォーマットをメール、ファクスなどで渡しておくといい。事前にこれを見た上で面談や電話会議で情報を聞き取れば効率がいいし、あまり望ましくはないが、直接書き込んでもらって送り返してもらうこともできる。

　ただし、いずれの場合でも、必ず広報担当者はそのネタが間違って伝わってきていないか、念を入れて確認しなければならない。これからそのネタを情報として磨き上げ、社外に向かって発表したり、それをもとにイベントを行なおうとしているのだ。情報の源流たる社内の段階で情報がおかしく伝わっていては話にならない。そういった意味でも、広報担当者はしっかりと取材し、その内容を書き込んだこのフォーマットをまた取材先の人に見てもらい、自分が正しく理解したか確認するといいだろう。

　同じことは広報代理店のAEにも言える。クライアント企業の社内の人に会ってネタを取材したら、それでいきなりニュースリリースを書きだすのではなく、まず聞き取った内容をまとめて提出し、一旦確認してもらおう。ニュースリリースに反映される情報はごく一部でしかない。しかし、その他の部分も行間のニュアンスや想定問答の回答などに必ず影響を与えるものだ。自分が情報の最上流にいることを常に自覚しておくためにも、正しく情報を認識しているか、チェックを受ける癖も必要ではないだろうか。

社内取材用フォーマット（例）

できるだけ客観的事実をもとに具体的に記入する

取材対象者の部署・氏名・内線	取材日時
案件名（仮題でも可）	発表希望日時

案件の種別（製品・サービスならその名称、人事制度や新設部署ならその名称を）

これまでの課題（そのネタが出てくるまでの市場背景・当社の戦略なども）

それをどう解決したか（苦労話などのエピソードや、具体的な根拠を裏付けるデータも）

その案件の特長（ユーザーや顧客の視点で。仕様などは別途添付のこと）

競合状況・市場動向・今後の計画など

004 プロポーザルの作り方
～代理店 AE は提案力が勝負

　さて、ネタを仕入れそれを案件に仕立てたら、次は実行に向け前に進めていこう。いよいよコムパケ作りに取り掛かることになる。

　まずは過去の似たような案件を振り返ろう。同じ会社で経験したことならなおいい。不思議なもので担当者が変わっても意思決定のやり方やそれに必要な資料の作り方、調整の図り方などはあまり変わらないケースが多い。以前成功した、実績のある案件の資料は、何かの役に立つものである。

　右頁に示したのは、社内に諮るために作成する企画書の項目例だ。社内調整にこうした企画書を使い、プロジェクトの承認を得よう。

　決算や人事異動など、すでに発表することが自動的に決まっている案件ではこういった企画書は必要ないだろう。しかしやり方をこれまでと変えようとしたり、まだ活動自体承認されていない案件などを実行に移そうという時、こういった企画書が必要になってくるはずだし、あった方がいい。

　広報はそれ自体では活動できない部署で、常に社内の他部署や経営トップとの連携があってこそ活動できる。つまり、いかにプロジェクトの初期の段階で他部署を巻き込めるか、そしていかに共通の目的意識とゴールのもと、主要なプレーヤーが同じ方を向いて協働できるかが鍵となる。

　仮に今まで「なあなあ」の関係で上手くやれてきたとしても、一度こういった形で明文化してみるといい。書き物にしたことですべてを約束した格好になりかえってやりにくさを感じるかもしれないが、各方面の理解と協力の度合いもこれまでとは違ってくるだろう。それは自分自身と広報部への評価にもつながってくるはずだ。特に責任と権限の所在をより明確にしたがる傾向にあり、様々な文化で育った人たちが一緒に働く外資系企業では、こういった仕事の進め方をしないと社内で相手にされないことがある。あまり国の内外で会社を分類したくはないが、日本企業もこういった手法を積極的に取り入れてはどうかと思う。

社内用企画書（Proposal）の基本的な構成

題（Title）	案件名
背景（Background /Rationale）	必要に応じ、この案件を行なう必然性を社会的、歴史的側面から説明する
活動概要（Overview）	何をするのか
目標（Goal）	どんな成果を目標とするか
目的（Objective）	なぜそれが必要か
対象（Target）	誰が主たる対象か
時期（Timing）	いつから（いつまで）行なうか
戦略（Strategy）	どうやって目的を達成するか。タイミングとターゲットを念頭において立案する
戦術（Tactics）	具体的なアクション・プラン
キーメッセージ（Key message）	新聞の見出しになるような文言
トーキングポインツ（Talking points）	一番伝えたいトピック（話題）
スケジュール（Schedule）	具体的にいつ何をどうやるかの詳細
予算（Budget）	実費概算ならびに社内のどこの予算をどれだけ使うか
効果測定（Evaluation）	この案件の成否をどうやって測るか

（企画書のボリュームはA4判で2枚程度がちょうどよい）

005 キーメッセージと
　　 トーキングポインツ

　社内取材を経てプロポーザルを作成する際、キーメッセージとトーキングポインツを固めよう。これらはプロポーザル中でも最も重要なパートであり、その後の活動のベースとなるものだ。これらの言葉は海外での広報実務では広く使われてきたが、最近は日本の会社でも普通に使われだした。では、この両者の違いは何だろう。

　キーメッセージは、そのものずばり、鍵となる文言であり、長めのキーワードと考えてほしい。例えば「3ヵ年中期経営計画の目標達成に向け、A社は順調である」といった、一番伝えたいメッセージをこう呼ぶ。これが中間決算発表に伴うトップインタビューで上手く伝われば、「A社、計画達成に自信」などという見出しの記事が新聞に載るだろう。

　これに対しトーキングポインツは、今回の発表案件でどうしてもターゲットに理解してもらいたい部分をもう少し長めの文章を用いて説明したものとなる。先ほどの例を続ければ次のような具合になる。「単独での経常利益700億円を今年度末に計上するという3ヵ年中期経営計画の目標は、ほぼ確実に達成する見通しである。その理由は大きく2つ。上期に導入した新しい大型商品のヒットで、下期に500億円の営業黒字を見込んでいる。もうひとつは、本年度上期までのリストラ効果で350億円に上る効果が出たためだ」

　このほかにも中期計画で目標にしている項目があれば、それに合わせてトーキングポインツを増やせばいい。そして必ず各トーキングポインツには、「計画達成に向け順調」というキーメッセージを含める。こうすることで、ターゲットの頭の中に繰り返しキーメッセージが刷り込まれ、少なくとも相手が自分に何を伝えたがっていたのか、はっきりと記憶に残るのだ。

　このトーキングポインツ、長くても多すぎても語る人が覚えきれない。ひとつにつき文字数で200字以内、できれば3項目まで、せいぜい5項目が妥当だろう。

キーメッセージとトーキングポインツの関係

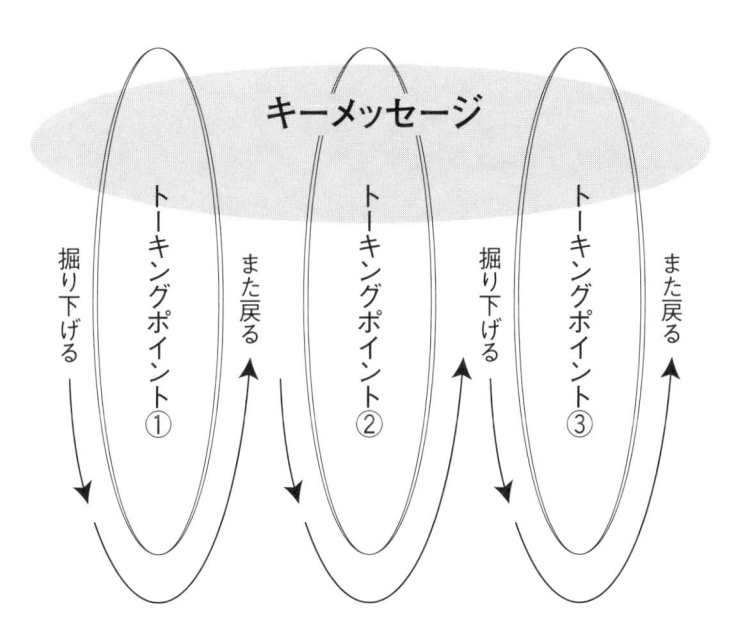

キーメッセージ

トーキングポイント①　掘り下げる　また戻る
トーキングポイント②　掘り下げる　また戻る
トーキングポイント③　また戻る

> スポークスパーソンはこのキーメッセージとトーキングポインツをしっかり頭に入れてインタビューや記者会見、アナリストミーティングに臨むこと。

006 ニュースリリースの書き方
～常識・非常識(1)

　キーメッセージをベースにトーキングポインツを作ったら、次はそれをふくらませてニュースリリースを作成しよう。

　ニュースリリースの書き方には一家言持った人も多く、そのスタイルも千差万別だが、記者に聞くとたいてい「何がニュースかを具体的に分かりやすく書いてもらえれば後はどうでもいい」という返事が来る。しかし、いつも記者が飛びついてくれるようなニュースばかりとはいかないのが広報担当者の辛いところだ。そこで前述のような記者のコメントとは別のところで、読んでもらいやすいニュースリリースの書き方というものが育まれてきた。

　ポイントを整理すると次のようになる。

① **ニュースを書く**

　自分たちにしてみればニュースでも新聞や雑誌の読者にはさっぱりニュースでないこともある。当たり前のことだが、リリースを出すメディアの読者・視聴者にとって、それがなぜニュースなのかを明確にしよう。

② **基本情報を揃える**

　基本情報とは、誰が、いつ、どこで、何を、なぜ、どうする、のいわゆる5W1Hだが、日本ではさらにできるだけ数字を盛り込むことも重要だ。特に価格や数量など規模をイメージさせる数字は必須だろう。決算発表などで、販売目標や売上予想を入れる場合は、Forward-looking Statement についての断りを入れる企業が多い。

③ **意味が二通り、三通りに取れる文章を使わない**

　次のリード（本文の冒頭の一文）は実際にある会社が発表したリリースにあった一文を、読点をそのままに引用したものである。「A社は、本日付で、日本のB社と、アメリカのC社をD社へ、譲渡する契約について正式に合意したことを発表しました」。これではCをDに譲渡する契約をAとBが締結したのか、BとCをAがDに譲渡するのか分からない。実際は後者の方であった。このような文を避けるためには、読点を正確に打つことだ。こ

の例だと、「A社は本日付で、日本のB社とアメリカのC社を、D社へ譲渡する契約について正式に合意したことを発表しました」となる。主語と述語をなるべく寄せて、かつ、文を短く切ることも分かりやすい文章には必要だ。

④ リリースであることを明確にする

「ニュースリリース」「報道関係各位」などと目立つところに書く。

⑤ ぱっと目を引く短い見出しをつける

新聞の見出しを参考に、短く要点をついた、読みたくなる見出しを工夫しよう。また、本文が長い場合は2〜5段落に分ける。だらだらとした平板な文体や、細かい字でびっしり隙間なく書いてあるリリースは読まれないことすらある。

⑥ 問い合わせ先を入れる

報道関係からの問い合わせ先と、必要に応じて一般の読者・視聴者からの問い合わせ先をリリースにそれと分かるよう明記する。

ニュースリリースの基本スタイル

- ヘッダー部　企業ロゴ、連絡先が印刷される
- または「ニュースリリース」: News Release
- logo
- ○○株式会社 広報部
- 日付
- 報道関係各位　○○年○月○日（○-○）
- 通し番号
- 大見出し　〜 小見出し 〜
- タイトル、枠は好き好きで
- 本文1
- 「本文の情報は質・量ともに逆三角形」を意識して、先に大切なことを書く。
- 本文2
- ボイラープレートやForward-looking Statementについて
- 複数頁の場合はノンブル（頁番号）を
- この件に関わるお問い合わせ　○○㈱広報部　○○・△△
- 問い合わせ先

007 ニュースリリースの書き方
〜常識・非常識(2)

　ニュースリリースのスタイルには決まった形はないが、読む側の記者に配慮して、できれば守りたいスタイルというものはある。

① 原則的に1枚に収める

　2枚目以降は参考資料とするのが基本だが、実際は複数頁にわたるものも少なくない。その場合でも、出したいメディアの記事の長さを基準に考えて、それと同等か、より短くするよう心がけよう。

② 逆三角形の構成に

　どうしても伝えなくてはならない基本情報から順に書いていく。周辺情報や背景説明は下の段落に書く。これは新聞記事と同じで、新聞記者も実際に紙面に載る記事よりも長く書いていることが多い。それをデスクや整理部が紙面の都合や内容によって短くするのだが、基本的に文章はいじらず下の段落から削っていくのだ。記者の中にはそういう文章構成に慣れきっているためか、基本情報が散りばめられているリリースには苛立ちを覚える人もいる。

③ リードは未然形で終わらせる

　これから起こることを前もって知らせる形式にし、ニュース性を強調しよう。過去形で終わるリードは、せめてその日に起こったことを発表する場合に使うべきであり、その場合でも、この後の予定を組み合わせるなど、工夫次第で未然形のリードにできることも多い。外資系企業の場合、本国発表の翻訳版ということもあってすでにニュースでないリリースが出されることもある。そういった翻訳版なら参考資料として出すべきだろう。

④ レターヘッドを使う

　記者クラブでの発表（投げ込み）を除いて、最近ではあまり印刷したリリースを郵送したり配布したりすることがなくなった。こういった変化によって利用頻度こそ減ってきているが、やはりニュースリリースはレターヘッドに刷りたい。

　企業ブランドの観点からもすぐにどこの企業のものか分かるアイデンティ

ティはほしいし、やはりニュースリリースは公にする文書である。誰でも偽造できるような、ワープロで打ってコピーしただけの書面では安っぽい印象を受ける。レターヘッドに刷らなくても、ロゴマークを決まったフォーマットで一枚目に貼り付けるなどの一手間は加えるべきだろう。なお、レターヘッドはリリースの１枚目だけに使用する。複数枚にわたる場合、２枚目以降は普通のコピー用紙を使う。その場合、ステープラー（ホチキス）で左肩１箇所を留めよう。

　ここまではニュースリリースの書き方について、スタイルに絞って解説してきたが、書くにあたって知っておくべきことがある。それは、一度出したら二度と引っ込めることはできないということと、リリースとして出す以上、原則として求めるすべての人に出さなくてはならないということだ。
　リリースに限らず一度外に出した情報を「なかったこと」にすることはできない。その事実がなくなったということであれば、それ自体がニュースだから新たなリリースを出せばいい。事実が間違っていたら訂正するが、これも報道された後では事実上、訂正はきかない。また訂正が多い会社は記者クラブから出入り禁止にされたり報道自体されなくなることもある。そうなったら企業として致命的だ。かといって公式な訂正なしでホームページに掲載しているリリースをこっそり直してしまうなどという行為は、言語道断だ。それをやったら誰もその会社のことは信用しなくなる。
　また発表後にリリースを請求されても相手によっては出さない、という会社もある。リリースは会社として公式に対外発表する際の文書であって、求めがあればたとえ相手がメディア以外のライバル企業や対立する市民団体であろうと出すべきだ。いわゆるブラックメディアや暴力団など、企業防衛上やむを得ない場合は別だが、一旦発表した以上、公正な情報公開が原則である。
　このようにリリースは非常に重いものである。十分に内容を審議して、出す前にダブルチェック、トリプルチェックを怠らないようにしよう。

008 連名リリースと単独リリースの使い分け方

　提携や合併、その解消、共同研究など、複数の会社が同じテーマを同時に発表するケースがある。リリースを連名の共同リリースとするか単独とするか、判断の分かれるところだ。これももちろんケース・バイ・ケースだが、ある程度のガイドラインはある。

■連名による共同リリース

① 足並みが揃っているような印象を与えたいケース
　合弁会社設立、発展的な提携（合弁）解消、共同研究の成果発表など。

② 一方の会社のネームバリューが大きく、それを利用したいケース
　日本では知名度の低い外資系企業と日本の大企業との提携など。

③ ネガティブなニュースを少しでもポジティブに見せたいケース
　不採算部門の売却、子会社の譲渡など（買う側の会社だけに発表を任せず自社のメッセージも同時に伝えることでショックを緩和する）。

■単独でのリリース

④ それぞれ独自の見解がありキーメッセージが違うケース
　部門などの譲渡、株式持合いの解消、応用分野の違う研究発表など。こういった提携や合弁の交渉は経営トップ同士で進められる場合が多いが、トップに広報マインドがあれば交渉の段階からどう発表するか話し合ってもらえる。逆にそこが全く欠けていると広報の現場同士が非常に苦労する。

■発表の際の注意

　連名・単独のいずれの場合も発表の際は以下の点を注意しよう。

① 双方で別々の記者クラブに加盟している場合
　両クラブの幹事社に相談の上、どちらかのクラブで、あるいは両クラブで同時に会見を行なう。いずれの場合も双方から役員クラス以上を説明者として出す。なお、この場合は時間をずらさず同時が基本となる。

② 会見やクラブでの資料配布を行なわない場合
　双方がそれぞれ対象記者に配布する。その場合、配布先をあらかじめ交換

しよう。同一メディアの別々の記者に同じリリースを配布する際には、「何部のだれにも同じ資料が渡っている」と伝えること。
③　双方が単独でリリースを出す場合
　発表前に相互チェックし、両方のリリースをセットにしての配布が理想だ。

連名リリースの基本スタイル

①2社の場合

```
ロゴA                    ロゴB

ニュースリリース          ○○年○月○日
                         株式会社A
                         Bコーポレーション

        A社、Bコーポレーションと
           △△の合弁合社設立

  この件に関するお問い合わせ
  ㈱A　広報　○○ --------------
  Bコーポレーション　△△ --------
```

主導する方が上に来るか、社名の50音もしくはABC順を右寄せで書く

②3社以上の場合

```
                              ○○年○月○日
報道関係各位
                              A株式会社
                              株式会社C
                              D株式会社
                              Bコーポレーション

        ××技術の標準化に向け
        主要4社がコンソーシアム設立

  この件に関するお問い合わせ
  A㈱　広報室　□□ --------------
  ㈱C　経営企画部　○○ ----------
  D㈱　広報　×× ----------
  Bコーポレーション　△△
                      ----------
```

連絡先も同じ順序で

009 翻訳リリースの違和感
〜和文英文リリースの違いはどこ

　多くの外資系企業では日常的に海外で発表されたリリースを翻訳して配布している。手元にそういった翻訳リリースがあればちょっと冒頭の一文を読んでみてほしい。

　「ABC社（NYSE: ABC）は本日、XYZを…したと発表しました」と書き出してはいないだろうか。これにはどうも違和感がある。これは英語の「ABC corporation（NYSE: ABC）announced today….」をそのまま訳したのだろうが、日本では普通、ニュースリリースの授受をもって発表し発表されたという意識がある。ある記者は、「〜したと発表しました」という過去形で終わる書き出しを読むと、「いつどこで発表したんだ、これが発表じゃないのか」と感じるという。別の記者によると、純日本企業の翻訳でも何でもないリリースまで、近頃はこういった言い回しになっているものがあり、閉口するそうだ。

　国際企業が世界的にひとつの声で同じメッセージを発信することは重要だ。その意味では、できるだけ原文に近い翻訳をする必要性も理解できる。しかし、翻訳はしょせん翻訳であって、完全に同じ文意にすることは至難の業だ。また同じ文意にしたところで、日本の記者がリリースに求める必要事項が含まれていなければ、誰のためのリリースなのか。

　もし、厳密な翻訳にこだわらなければならないという規則がないのであれば、意訳して日本風にしてはどうか。できれば「ABC社は来月１日から東京支店を開店します」といったような未然形で終わるスタイルにしたいものだ。この方がまさに今ニュースを伝えているという感じがしないだろうか。

　広報が何か発表する際は、情報の流れの最上流、つまり記者より川上にいることを念頭に置きたい。情報の鮮度をどう見せるか、どう見られるか、といった点には十分気をつけたいものだ。

　また日本語と英語のリリースには根本的に大きな書き方の違いがある。これはすなわち新聞や雑誌の記事の違いであり、作文の違いから来ている。右

頁は主だったポイントの比較だ。ここからも日本の記者がリリースに求める要素が見えてくると思う。

和文・英文のリリースの比較

	和文リリース	英文リリース
ファクト(事実を表す数字)の重要性	非常に重要	数字よりも背景などストーリーを重視する
クオート(引用句)	入れないのが普通	CEOなど役員以上のクオートが必須
書き出しの社名の後	通常は社長名、本社住所、資本金、上場コードなどを入れる	上場市場とシンボルのみ入れる(例NYSE: SNE)
ボイラープレート(会社を紹介する1段落)	基本的に不要。入れる会社も増えている	使用するのが一般的
タイトルのつけ方	見出しを意識しない場合もある(例「化学事業の譲渡について」など)	見出し(Head line)らしく書く
リリース中の情報に関するリスク意識	ほとんどない	最後にForward-looking Statement(未来予測に関する言及)についての断りを入れ、法的にリスクを回避する
記者が記事を書く際のリリースの位置づけ	追加の質問や確認の電話をする記者より、リリースだけで記事を書く記者も多い	記事を書く場合、ほとんどの記者が電話で取材し、広報が答えると、その氏名とコメントを記事に使うことが多い
文章や体裁の参考に広報がよく使うもの	共同通信社『記者ハンドブック新聞用字用語集』	『The Associated Press Stylebook and Libel Manual』

010 ニュースリリースの配布の仕方

　インターネットの普及以前はニュースリリースの配布方法は記者クラブでの資料配布（投げ込み）や郵送が一般的だった。しかし1996年頃から各社ウェブサイトでリリースを掲載できるようになり、広く社会にその情報を知らしめるのに、その日の夕刊もしくは翌日の朝刊を待つ必要がなくなった。

　また外資系企業の場合、海外で発表があると、夜中のうちに特派員から外電でニュースが入ってくることもある。

　このようにビジネスのグローバル化が進んだり、情報伝達のスピードが上がるにつれ、投函してから届くまでに一日二日かかり、しかも宛名の本人に届いたかどうかも不確かな郵送は次第に使われなくなってきている。

　かわって主流になりつつあるのは、電子メールで送信するやり方や、専門サービス会社を使った一斉同報FAXサービスなどだ。

　なお、メールでリリースを送る際は、必ずPDFなどのフォーマットに変換して送るようにしよう。ワードなどワープロソフトのフォーマットのまま送ると、修正履歴を見られて誤った情報や社外秘の情報まで渡してしまう恐れがある。またFAXは便利だが、受け手の編集部には非力なFAX機が1台しかないというケースも多い。当然そのFAX機は1日中フル稼働している。いくら決算発表の重要な添付資料とはいえ20頁も送りつけては大迷惑だ。せいぜい3枚程度に留めて、残りは「必要ならお送りしますのでほしい方はお申し出下さい」など、カバーレター（送信票）に書き添えたらいい。

　またリリースの枚数が多かったり、どうしても紙焼き（プリントされた写真）をつけたいという場合、コストがかかるがバイク便や自転車便が便利だ。

　他にリリースの配布方法として、プレスキットにして直接記者に渡すというものがある。これは普通、記者会見や記者懇談会など、記者向けの広報イベントなどで配られる、ちょっと上等な体裁の資料をいう。これについては次の項目で詳しく解説しよう。

リリース配布の流れ

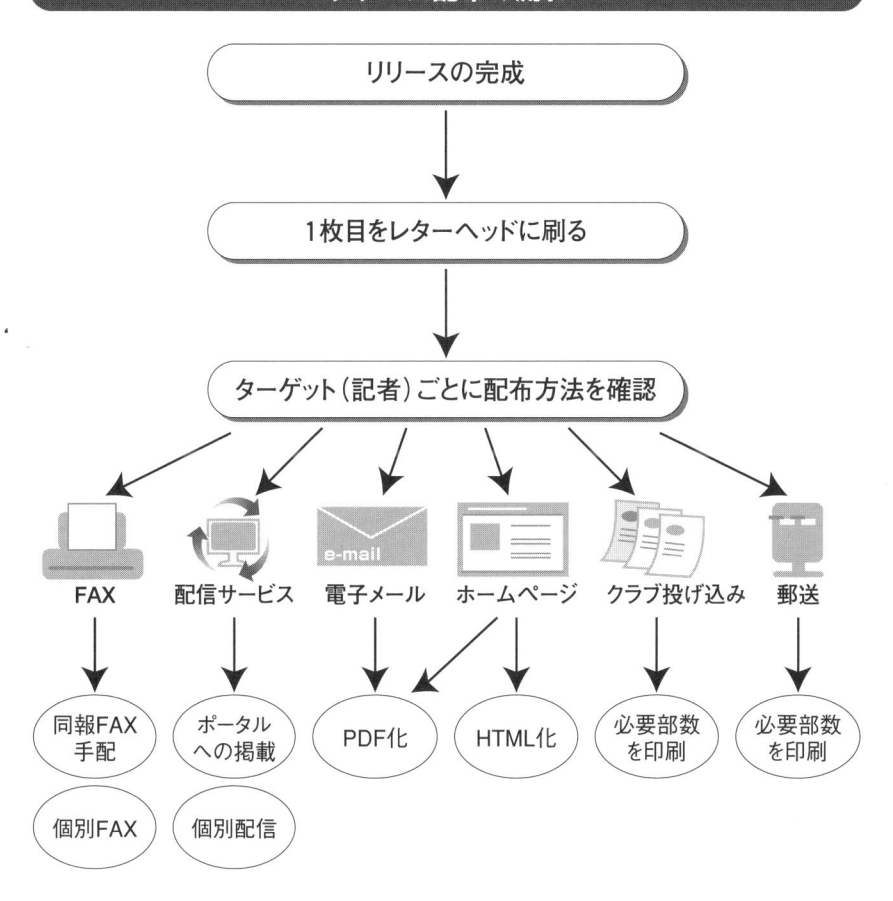

```
リリースの完成
    ↓
1枚目をレターヘッドに刷る
    ↓
ターゲット（記者）ごとに配布方法を確認
    ↓
```

- FAX
  - 同報FAX手配
  - 個別FAX
- 配信サービス
  - ポータルへの掲載
  - 個別配信
- 電子メール
  - PDF化
- ホームページ
  - PDF化
  - HTML化
- クラブ投げ込み
  - 必要部数を印刷
- 郵送
  - 必要部数を印刷

> この他に手渡し、という方法もある。新製品などのリリースであれば、製品の現物も携えて、雑誌の編集部などで配布すれば、説明もできて非常に露出につながりやすくなる。

011 プレスキットには何を入れるか
～ファクトシートの種類

　コムパケもニュースリリースまで完成した。次はこのリリースに補足資料を加えて、プレスキットに発展させよう。コムパケは社内用資料だが、プレスキットはその中の一部でもあり、そこから取り出され、実際に社外の人に渡るものでもある。

　内容は発表資料をひとまとめにしたもので、右頁のような構成が一般的だ。もっともこれをニュースリリースに毎回付けていたら面倒だし、第一無駄だ。記者もうるさがるだろう。しかし初めて会う記者に渡す資料としてはぴったりだし、記者会見などで手渡しする場合も、このようなプレスキットにするのが一般的だ。

　プレスキットの中身はニュースリリースのほか、会社概要やファクトシート、プロフィール、写真といったものが主なアイテムとなるが、もし現在こういった資料がなかったら、早速作成にとりかかろう。巻末に右頁の表中に＊印をつけたアイテムのフォーマットを添付したので参考にしてほしい（プロフィールについては44頁参照）。

　実際の発表案件を抱えた時にこうしたものを作ろうと思っても、時間に追われてなかなか十分注意が行き渡らないケースも多々ある。平時から準備しておけるものは積極的にやっておこう。

　そしてこれらの資料はできれば四半期に一度、最低でも毎年一度は必ず更新することを忘れないようにしたい。つい忘れがちになるので、使用時に必ず更新月日を確認するとともに、年間スケジュール表にも更新時期をしっかり入れておくといい。広報代理店のAEは、クライアントの広報担当者に定期的に更新を呼びかけてあげよう。

　プレスキットのアイテムが揃ったら、できれば見開きで使えるプレスキット・フォルダに入れよう。これも多くの会社が採用しているアイテムだ。ただ入れるだけでなく、ここにも一応のお約束事がある。右頁の図を参考にしてほしい。

プレスキットの構成とフォルダへの収め方

左 側

- 発表者の写真（記者会見などの場合）
  会長、社長、担当役員など
  　（上位から上に来るように）
- 会長、社長、担当役員などのプロフィール
  　（会見の場合）＊
  会長、社長、担当役員など
  　（上位から上に来るように）
- 会社のファクトシート
  会社概要（本社、子会社／日本支社、事業部）＊
  社史抜粋（日本での歩み）
- 過去に発表した関連するニュースリリース

右 側

- 写真（ニュースリリースに付属のものに限る）
- ニュースリリース
- プレゼン資料のコピー
  　（記者会見の場合）
- 製品のファクトシート
  製品の仕様
  その他ラインナップ
  ネーミングの由来
  POSデータを基にしたシェアなど

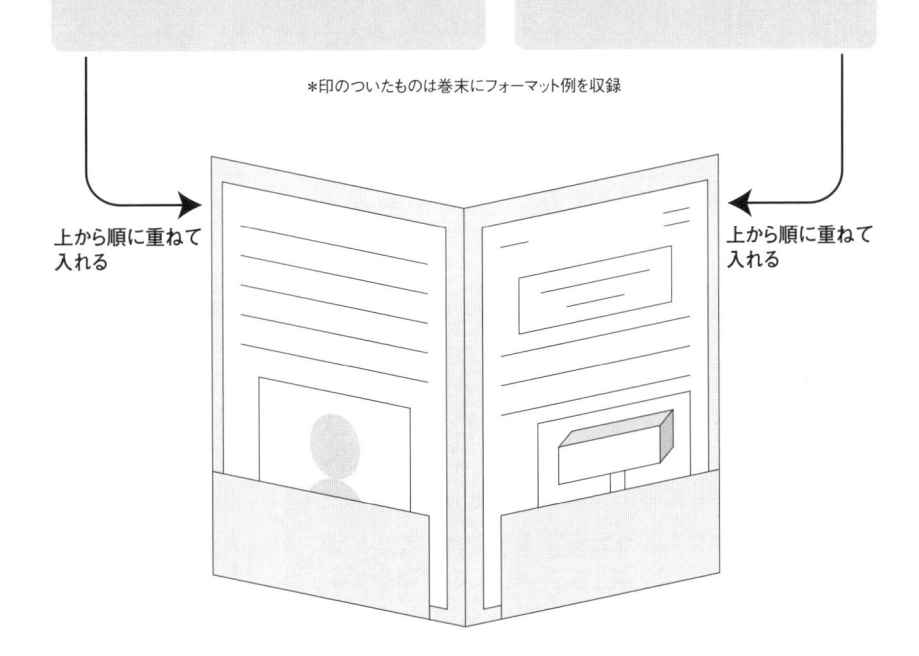

＊印のついたものは巻末にフォーマット例を収録

上から順に重ねて入れる　　　　　　　　　　　上から順に重ねて入れる

012 外資系企業トップの プロフィールの作り方

　プレスキットのアイテムの中で、プロフィールほど洋の東西で違いのあるものはない。これも巻末にフォーマットを収録しているが、企業の広報担当者からよく質問を受けるし、記者からも何とかならないかとクレームを受けることもあるので、ここでいくつかポイントを詳しく解説しよう。

① 年齢、生年月日は必要か否か

　新聞記事のトップの略歴紹介では、年齢を入れるのが一般的なので、できれば明記したい。しかし外資系企業（トップが外国人）の場合、英文のプロフィールにはたいてい生年月日も満年齢も入っていない。この場合、本国の本社に確認するのが第一だが、本社でも把握していないことが多い。もし生まれ年だけでも分かっていたら「1954年生まれ」などとできないか、記者に頼もう。それすらも分からず、記者もどうしても必要だと引かなかったら、しかもそれがインタビュー取材であれば、本人に直接聞いてもらおう。ちょっと驚かれることもあるが、日本では記事に年齢を入れるのが一般的だと断わればたいていすんなり教えてくれる。

② 名前の日本語表記はどう決めるか

　一般的な名前の日本語訳や外国語の子音（vなど）をどう訳すかは、共同通信社の『記者ハンドブック新聞用字用語集』に用例が載っている。新聞社によっては独自のルールを持っているところもあるが、共同通信の書き方を参考にすることが多いようだ。広報もこれに倣うといいだろう。

③ ナカグロを使うか使わないか

　これも『記者ハンドブック』に載っているが、例えばRichard J. Smithという人名であれば、リチャード・J・スミスと書くのが一般的だ。

④ 履歴書スタイルかナラティブなエッセイ風か

　日本人のプロフィールは箇条書きで書いていくが、外国人の場合ほとんどが文章でつなげていくスタイルだ。どちらでも問題はないが、文章の場合、会社や職が替わった年とその時の役職がすぐ分かるようにしたい。

I "コムパケ"を作ろう

○○株式会社
代表取締役会長 兼 最高経営責任者（CEO）

とうよう　けいいちろう
東洋　経一郎

【生年月日】
1961（昭和36）年1月1日生まれ（満53歳）

【略歴】
1985（昭和60）年3月　　○○大学 工学部 電気学科 卒業
1985（昭和60）年4月　　○○株式会社 入社 製造開発本部 開発部
1996（平成8）年5月　　米国○○大学 経営学修士課程 修了（MBA）
1997（平成9）年3月　　技術本部 開発部長
2002（平成14）年6月　　取締役 技術本部長
2005（平成17）年11月　米○○インダストリー社 プレジデント＆CEO
2007（平成19）年12月　○○株式会社 常務取締役
2008（平成20）年10月　専務取締役 営業本部長
2010（平成22）年10月　代表取締役社長
2012（平成24）年3月　　代表取締役会長 兼 最高

チャド・M・デイビス
Chad M. Davis
ロック・インダストリー社
Rock Industry Corporation
プレジデント兼CEO
President & CEO

チャド・M・デイビスはロック・インダストリー社（本社米国ユタ州モアブ、NASDAQ：RID）のプレジデント兼チーフ・エグゼクティブ・オフィサーです。同社はマウンテニアリングをはじめカヌー、マウンテンバイクなどのアウトドア用品を企画製造し世界18カ国で販売する会社です。2012年度の全世界での売上高は約8400億円（1米ドル102円で換算）です。

チャドは2009年3月にロック・インダストリー社を設立しプレジデント兼CEOに就任致しました。同社はチャドの指揮の下着実に成長を遂げ、2012年にはNASDAQで上場を果たしています。

チャドは大学卒業後1995年にロッククライミング用具の世界的なリーディング・メーカーである米リトルダイヤモンド社（カリフォルニア州フレズノ）に入社しました。同社でセールス、ブランド・マーケティング、グローバル製品管理の責任者を歴任しました。

2003年にリトルダイヤモンド社のセールス部門のバイス・プレジデントに、2005年にはワールドワイド・セールスおよびマーケティングのバイス・プレジデントに就任。2007年にはアジア・パシフィック地域のプレジデントも務めています。その後2008年に米国本社に戻りインターネットのみで販売する新ブランド「エル・キャピタン」を立ち上げました。同事業は初年度から年商220億円をあげ、チャドによる功績は高く評価されました。

2013年、リトルダイヤモンド社の社外取締役に就任。

アーカンソー大学で経営学を専攻、ハーバード大学で経営学修士号（MBA）を取得。メアリー夫人と共にユタ州グリーンリバーに在住。趣味はロッククライミングと釣りに空手。

（2013年9月現在）

013 意外とウケないギブアウェイ

　さて、話がプレスキットに及んだので、コムパケとは少しずれるが記者会見など広報イベントでよく使われる「お土産」についてここで触れておこう。広報業界ではこのお土産のことをギブアウェイ（Giveaway）と呼んでいる。ちょっとした社名入りのグッズやその会社のイメージにあったものを、忙しい中取材に来てもらった記者へのお礼として贈るものだ。

　結論を言えばこれは全く不要だ。記者に聞いても要らないという声が圧倒的に多い。しかし、それでもあげたがるのが広報でもある。そこには、単純にお礼の意味も込められているだろうし、ふとした時に目に留めてもらえば、会社のことを忘れずにいてくれるのでは、という淡い期待もあるだろう。

　そのため広報サイドでは、身に着けてもらったり、デスクに置いてもらえるような、雑貨や文具が人気だ。名刺入れ、Tシャツ、携帯ストラップ、ボールペン、筆立て、電卓付きデジタル世界時計、マウスパッドなどをギブアウェイにしたがる傾向がある。しかし記者の方はすでに愛用品（社支給の筆記用具だったりもするが）があったりと、あまり嬉しくはないそうだ。どうせならすぐに食べられるお菓子の方がありがたい、という声もある。

　もっとも記者を喜ばせるにも制約が多いのが実情だ。普通ギブアウェイにかける1個当たりのコストは安くてただ（在庫品を使う）、せいぜい300円から500円程度が一般的で、1000円出せば結構奮発したといえるだろう。しかし値が張るようだとかえって記者に敬遠されるし、重かったり大きくても、やはり迷惑がられる。

　右頁では、記者や広報担当者に聞いた結果だが、よくあるギブアウェイや印象に残ったというものをリストアップしてみた。

　一部の外資系企業にはロゴ入りグッズを集めたセレクトショップのようなカンパニー・ストアがあって、通信販売で日本でも買えたりする。そこにバインダーやボールペン、ノートパッドなどがあれば、記者会見によいかもしれない。お土産であることを主張しないギブアウェイになるからだ。

ギブアウェイのあれこれ

よくあるギブアウェイ

- **会社のロゴ入りグッズ**
  ボールペン、メモパッド、ノートパッド、マウスパッド、マグカップ、クリップ類など。ひとつか2つ3つの組み合わせが一般的。「担当する企業の擬似ファンになるので関連グッズは嬉しい（産業経済紙）」という声もあり。

- **商品そのもの**
  会見で発表したその製品や、同じ会社の別の商品など。「体験できていい（産業紙）」「以前はカメラなど高額商品もあったというがさすがに最近は聞かない（通信社）」「行くたびに毎回違うシリーズグッズをくれるとまた行きたくなる（雑誌編集者）」

- **会見会場（ホテル）のお菓子詰め合わせ**
  「軽くて小さければ家に持って帰れる（全国紙）」「すぐ食べられるのでラッキー（通信社）」など。

もらって困った、あるいは辞退したギブアウェイ

- **お酒**
  日本酒、紅白のワイン、シャンパンなど。「重いし邪魔（全国紙）」

- **食品**
  ハム詰め合わせ、新巻鮭、乳製品など。「臭って困って捨てた（全国紙）」

- **在庫処分品とおぼしきもの**
  ワイングラス、肩こり用グッズ、ネクタイなど。「処理に困る（業界紙）」

- **お車代・金券・チケット類**
  現金やクオカードなど。「かえって記事を書く気がなくなる（全国紙）」ただし「（映画やコンサートなど取材に関係する）チケットが一番いい（全国紙）」という声もあり。

- **すべて**
  「社の方針で受け取らない（全国紙）」「頼むから渡さないでほしい（雑誌記者）」「嬉しいと思ったことは一度もない（全国紙）」「業界の恒例で、それ目当ての人も多いが、自分は記事を書くために発表会に出ているのであって一緒にされたくない（雑誌編集者）」など多数。

014 想定問答の作り方

　記者やアナリスト、住民団体といった、広報上のターゲットから質問を受けることが分かっている際、あらかじめ質問を予想し、その答えを準備しておく。これらをまとめたものを想定問答集（Q&A）と呼んでいる。Q&Aは大きく分けて2通りの作り方がある。

　ひとつは一問一答式で、製品の取り扱い説明書に付属しているFAQ（Frequently Asked Questions：よくある質問集）と同じようなスタイルだ。これの利点は答えがきっちりと書かれている点で、神経を使う質問にはぴったりだ。欠点はその通りに覚えるのが大変なことと、膨大な量になりすぎてどこに質問と回答があったか探すのにも苦労することだ。

　もうひとつのやり方は、トーキングポインツ連動型で、どんな質問に対しても答えは事実のみごく簡単に記すか、いっそ書かずに、トーキングポインツの何番参照とするものである（右頁参照）。このトーキングポインツ連動型Q&Aはそれを使ってインタビューや会見に臨む経営トップに総じて好評だ。トーキングポインツさえ覚えておけば、言わなければならないことと、聞かれて困る時の対処、両方に役立つからだ。

　このやり方はメディアトレーニングとも密接に関連している。メディアトレーニングについては158頁でも詳しく取り上げているが、この主眼は聞かれたことにただ答えるだけでなく、こちらの言いたいことを伝えられるよう主導権をとる、という点にある。そういうトレーニングを受けた経営トップには一問一答式のQ&Aよりも後者の方が使いやすいということもある。トーキングポインツ連動型Q&Aはメディアトレーニングが普及している米系企業から広まったようだが、それもうなずける。

　もっとも、使用者が本当に使いやすいQ&Aが一番よくできたQ&Aである。一問一答式や連動型、その組み合わせなど、工夫して作成してあげることが広報担当者の役目でもある。

　なお、巻末にも汎用の想定質問集を収めた。こちらも参考にしてほしい。

○年○月○日

新社長インタビューに向けての
トーキングポインツ別Q&A（案）

トーキングポイント1

社長就任にあたって

①10人抜きだが正規の社長選定プロセスに則って選ばれた
②当面の課題は事業の整理。選択と集中を徹底する
③私の考える社長像／リーダーシップについて
　(1) 社員に分かりやすいゴールを設定し、それを効果的にコミュニケートし、実行させられる人
　(2) 4S（Sincerity, Speed, Sympathy, Smile）がある人
　(3) お客様志向を徹底させられる人

想定質問

Q1. 社長に選ばれた理由は何だと思うか。どういう点が評価され、また期待されていると思うか。
A1. 　①、②

Q2. 東洋社長は常務以上の経験がないが今後どう舵取りしていくのか。
A2. 　①、②、③

Q3. なぜ、10人抜きで社長となったのか。
A3. 　①、②、③

Q4. 社長交代の手続き（新社長選定プロセス）について教えてほしい。
A4. 　① → 資料2-1を参照ください

Q5. 通常の交代時期ではなく、なぜこの時期に交代なのか。
A5. 　① → 資料2-2を参照ください

（次ページに続く）

015　アンケートをお願いしよう

　記者会見や記者向けの勉強会など、広報のイベントを行なったら、出席した記者にその場でアンケートに協力してもらうと参考になる。記者は多くの広報イベントに参加しているので、彼らの意見は何物にも代えがたい貴重な助言になるし、広報活動の成果を測る指標としても活用できる。
　アンケートの取り方のポイントを5つ解説しよう。

① 　アンケートはプレスキットと一緒に最初に渡す
　初めに渡しておけば、進行に応じて書いてもらえることもあるし、途中退室する記者も書いて渡してくれる場合がある。

② 　質問項目は多くて5〜6項目、全体でA4で1枚程度まで
　一見して面倒くさそうだと思われないシンプルさが重要。

③ 　なるべく今回の記者会見の内容に特化する
　良い機会だからと欲張って「当社の広報の課題は」「当社のブランド戦略についてご意見を」といった質問をしても白紙回答となるのがほとんど。時間がない中で依頼しているので、即答しにくい質問は避ける。

④ 　MC（司会）は会見の最後でアンケートへの協力を依頼する
　「今後より分かりやすく要点を絞った会見にしたいので」など、目的をはっきりと説明して協力を仰ごう。広報に言いたいことがある記者は、結構いるものだ。

⑤ 　記名式でOK
　無記名にするか記名にするか悩むところだが、どちらでも回答数、内容のトーンは変わらない。ならばどの社のどの記者がどういった要望や不満を持っているか把握した方が後の対応がしやすい。逆に記者の方もアンケート用紙に追加取材の依頼などを書いていくケースもあるので、記名で大丈夫だ。記者気質からか、普通言いにくいこともずばっと書いてくれる、遠慮のない記者は意外に多い。

○年○月○日

記者の皆様

アンケートのお願い

本日はご多忙の中、ご出席賜り誠にありがとうございました。
今後の広報活動の参考にさせていただきたく、以下のアンケートにご協力いただきますようお願い申し上げます。
ご記入後は、御席にそのまま置いていただくか、会場のスタッフにお渡しいただければ幸いです。

1　全般的に本日の説明会は（四角にチェックしてください）
　　□大変有意義だった　　　　□まあまあ有意義だった
　　□あまり有意義ではなかった（理由:　　　　　　　　　　　）

2　プレゼンテーションについては
　　1）○○社長　　□よい　□あまりよくなかった（理由:　　　　　　　）
　　2）○○本部長　□よい　□あまりよくなかった（理由:　　　　　　　）

3　本日の記者会見についてご意見・ご感想をご自由にお聞かせください。

貴社名	お名前

ご協力ありがとうございました。　　　　　　　　　（株）○○広報部

016 発表直前の最終チェックとトップへのブリーフィング

　Q&Aやアンケートまででき上がったらコムパケもほぼ完成だ。後は実際に発表したりイベントを実行に移した後に、記録を残すだけとなる。その前に、これで本当に準備は万端か、もう一度チェックしてみよう。このチェックは発表直前に、できるだけ現場レベルの関係者を集めて行なうといい。それが事前の最終打ち合わせを兼ねるからだ。もう一度全員で手順や役割分担など、もれがないよう確認しよう。

　現場レベルの最終打ち合わせと前後して、経営トップなど今回の案件でスポークスパーソンとなる人にブリーフィングを行なおう。その際に資料となるのがコムパケから抜粋したエグゼクティブ・ブリーフィング・キット（Executive Briefing Kit）である。

　誰がどんな関心を持って取材に来るのか、こちらがそこで何を言うのか、ということが伝われば、スポークスパーソンはまず安心する。そこでニュースリリースの決定稿を見せ、キーメッセージやトーキングポインツ、予想される質問などを説明する。回答は模範回答として出すよりも、このように答えてもらえれば広報は嬉しい、というスタンスで提示した方が聞き入れてもらいやすい場合もある。このほか、記者会見であれば出席者リストを見せたり、会場の広さやレイアウトも説明し、イメージを掴んでもらおう。後は当日の会場入りの時間や、リハーサルの開始時刻といった業務連絡を行なえば直前ブリーフィングとしては十分だ。

　この時にコムパケを手元に用意しておけば、何を聞かれても安心だろう。実際、コムパケやエグゼクティブ・ブリーフィング・キットを使うようになってから、経営トップや上司に仕事の手際を誉められたという話をよく聞く。自分の社内的なポイントアップにもつながるこのやり方を、ぜひ実践してほしい。

エグゼクティブ・ブリーフィング・キットの構成（例：記者会見）

	内容	コムパケ（001項参照）
日本語版	概要（日時・会場など）	会見パートから
	出席媒体リスト	
	進行表	プロポーザルパートから
	キーメッセージ	
	トーキングポインツ	
	ニュースリリース	プレスキットパートから
	ファクトシート	
	その他説明資料	
	発表者用原稿	会見用パートから
	想定問答集	
	会場レイアウト図	
英語版 Executive Briefing Kit	Background & rationale	プロポーザルパートから
	Press conference schedule and script	
	Press conference expected attendees	会見用パートから
	Press release	プレスキットパートから
	Press conference room layout	会見用パートから
	One-on-one interview schedule＊	
	Customer reception schedule and script＊	
	Japanese media & journalists	
	Key messages & suggested talking points	プロポーザルから
	Expected Q&As	会見用パートから

＊＝海外からトップが来日した際には個別インタビューや顧客を対象にしたレセプションを同時に行なう場合が多い。多忙なトップのために同時にこのキットでそれらも説明するといいだろう。

017 メディアリストはこう管理する

　多くの広報担当者にとってメディアリストの管理は頭の痛いところだろう。なにせ記者はよく替わるし、それを教えてもらえないことが多い。実際リストに載っている500人の記者をやっと更新し終わったと思ったら、確認作業の初めの頃に担当だった記者がすでに異動になっていた、などというケースはざらである。効果的なリストの管理はどうしたらいいのだろうか。

① 　広報代理店に任せる

　コストがかかるが一番手っ取り早いのはこれだろう。代理店によってはメディアリスト選任のスタッフを置いているところもあり、一般に各社とも常に最新のリストがあることを売りにしている。しかし広報代理店のリストといっても中にはとっくに異動になった人をそのまま残している場合もある。任せっきりにすると痛い目に遭うかもしれない。

② 　定期的に郵便物を送る

　社外報やニューズレターなどを最低でも四半期に一度は郵送で送り、本人の所在を確かめる。大手の新聞社などでは宛名の記者が異動になってもそのまま後任者が何も言わず受け取り続けるようなこともあるが、たいていは担当者が替わったことを連絡してくれる。また業界紙誌をはじめ中小の出版社が移転した場合も、郵送なら把握しやすい。

③ 　四半期に一度予算とスタッフを手当てして電話をかけて確認する

　これが一番堅実な方法だろう。直接リストの記者に電話をかけ「いつもリリースなど送らせてもらっておりますが変更ありませんでしょうか」と聞いていくのである。自分でやる手もあるが、派遣のテレホン・オペレーターに頼めば1日200件程度は1人で確認してくれる。この場合、どうしても連絡がおろそかになってしまう、関係の薄い、でも資料は配布し続けたいメディアのみ、人に任せるようにしたい。

　なるべく手間を省く一方、忙しい記者の邪魔をしないよう、配慮して確認することが重要だ。特に夜6～8時台の確認電話は絶対に避けたい。

担当者確認電話の文言例

いつも資料を送っている記者に確認

「お忙しいところ恐れ入ります。私○○の広報を担当しております○○と申します。弊社のニュースリリース等を（記者名）様宛てにお送りさせて頂いておりますが、ご担当等変更がないかと思いまして、確認のお電話を致しております」

初めて確認する場合

「お忙しいところ恐れ入ります。私○○の広報を担当しております○○と申します。今後（そのメディア名）さんにも弊社のニュースリリース等をお送りさせて頂きたいと存じます。よろしいでしょうか。では、内容は主に（事業内容）ですが、ご担当者様はどなたになりますでしょうか?」

➡ その人がいれば代わってもらう

「お忙しいところ恐れ入ります。私○○の広報を担当しております○○と申します。弊社は主に（事業内容）を行なっておりますが、今後（記者名）さんにも弊社のニュースリリース等をお送りさせて頂きたいと存じます。よろしいでしょうか。では、FAXか電子メール、郵送ではどの方法がよろしいでしょうか?」

➡ 担当者がその場に居ても居なくても、役職、氏名（漢字でフルネーム）と直通の連絡先（電話、FAX、できればメールアドレスも）を確認する

個人名まで入った加盟社リストを出している主要クラブ例

金融記者クラブ、重化学工業記者クラブ、厚生労働記者会、厚生日比谷クラブ、本町クラブなど

018 モニタリングとクリッピングは外注＆自分でやる

　対外発表の前に必ずモニタリング・サービス会社に記事のモニター依頼をかけておこう。モニタリング・サービスとは、こちらが定めたキーワードを含む記事を、特定のメディア群からピックアップしてくれるサービスだ。例えば「A社」「自動車」というキーワードを設定し、アンド検索（両方のキーワードを含むものだけを検索するやり方）で全媒体検索を申し込めば、終了を告げるまで、そのサービス会社がモニターしている数百種の新聞雑誌から「A社」「自動車」という2つのキーワードを含む記事を切り抜いて送ってきてくれる。これをすべて自分でやるのはまず不可能だろう。

　こういった記事原本を切り抜いてクリッピングを届けてくれるサービス会社はいくつもあるが、大手では右頁の各社だろう。コストはどれだけのクリッピング数になるかで変わってくる。各社1テーマ約1万5000円から1万8000円の基本料を設定し、この他に記事数に応じた額を加算するシステムだ。大体新聞切り抜きで1件90円、月刊誌で400円程度なので、これをもとに自社の掲載記事数から金額を類推してもいいし、右頁の会社なら、過去1ヵ月分の記事数から見積もりも出してくれる。

　このほか、よく使われているのはFAXで記事の見出しや原本のコピーが自動的に送られてくるイーエルネットというサービスだ。これは前述のモニタリング・クリッピング・サービスが週に2～3回まとめてクリッピングを送ってくるため、記事掲載から入手まで若干タイムラグが出るのに対し、その日のうちにFAXで届くため速報性に優れている。どのメディアにどういった見出しで記事が出ているかを知らせる見出し一覧か、記事原本のコピーも付くサービスか選ぶことができる。広報部で主要な新聞をすべてとっているなら見出し一覧だけでも十分だろう。

　こういったサービスを使って能率を上げる一方、自分でも毎朝時間をとって新聞や雑誌、ネットサイトなどを直接見ることを勧めたい。それは広報担当者として必要な情報感度を磨くことにきっと役立つからだ。

モニタリング・クリッピング　キーワードの設定

● メーカーの例

① 検索範囲の設定
　　A：全媒体検索
　　B：全国紙・ブロック紙・地方紙のみ
　　C：全国紙のみ

② キーワードの設定
　　A：自社名（略称があればそれも別途設定）、ブランド名、製品名
　　B：競合他社名、競合ブランド名、競合製品名
　　C：「○○業界の動向」「監督省庁の○○業界に関する動きと人事」
　　　（こういった、キーワードにしにくいものも検索対象に設定可能）

● モニタリング・クリッピング会社　連絡先

新聞雑誌クリッピング

　(株)ジャパン通信社　　　03-5550-3752　http://www.japan-tsushin.co.jp/
　(株)内外切抜通信社　　　03-3208-5134　http://www.naigaipc.co.jp/
　(株)プレス・リサーチ社　03-3518-8777　http://www.press-research.co.jp/

FAXサービス

　(株)エレクトロニック・ライブラリー
　イーエルネット　　　　　03-3779-1211　http://www.elnet.co.jp/

TVモニター

　ニホンモニター(株)　　　03-3578-6800　http://www.n-monitor.co.jp/
　(株)プロジェクト　　　　03-5439-6686

019 プロジェクトの結果を評価する

　案件の発表や広報イベントの実施も終わり、その結果であるパブリシティ（記事）も出揃ったら、ケースクローズの準備に入る。まずは効果を測ろう。
　パブリシティの効果測定には色々な手法があるが、どれも決め手に欠ける感は否めない。評価するための因子を多く採用すると算定方法が複雑になり、他人が理解できなくなるし、汎用性がないので他社との比較もできない。一方、古くからある方法はどれも基準となる因子が少なく、パブリシティの本当の価値を反映しているか疑問を感じ得ない。いましばらく決定打を待ち望む必要があるのかもしれない。とにかく、何らかの評価を与えないことには次につながらないので、従来から用いられてきた評価方法を紹介しよう。

■定量調査
① 記事数
　純粋に記事が何件（点）出たかを前年比、前年同月比などで比較する方法だ。またベンチマークする競合他社の記事も集め、それを記事件数で比較することもある。

② 広告換算
　記事数と併用することも多い。印刷メディアの場合は記事の面積を、電波メディアの場合放送時間の尺（長さ）を測り、それを広告額に換算する。金額で表されるので評価の対象としやすいが、記事と広告は別物なので、仮定の数字として理解されるべきだ。

■定性調査
キーワードによる採点法
　広報の年間プランで定めた目標に従ってキーワードを設定する。例えば「技術力」と「顧客満足」をアピールしたいのであれば、それらの語が自社の掲載記事にどれだけ含まれているか、数値化する。より重視する語に係数を掛けて傾斜配点してもいいが、算式が複雑になるとなかなか広報担当以外の人に理解されにくくなるので注意が必要だ。

広告換算の方法

① 記事の面積（長さ）を測る

(例) 新聞記事

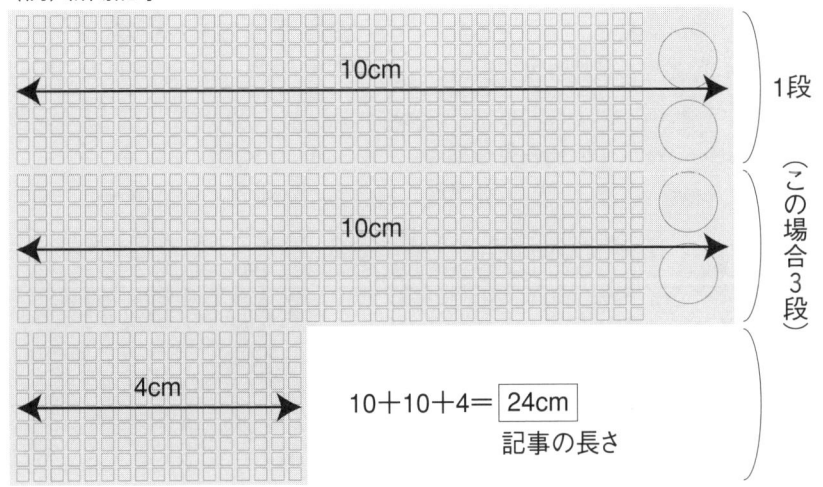

10cm ... 1段

10cm ... (この場合3段)

4cm

10＋10＋4＝ 24cm
記事の長さ

② 広告単位を調べる

単価は『月刊メディア・データ』(メディア・リサーチ・センター)などに載っている。

(例) 日本経済新聞（全国版、雑報レート、記事中）
　　単価：1段1cm　約8万3000円

③ 単価に長さをかける

24cm×約8万3000円＝約199万2000円

※これに1.5〜3など係数を掛ける場合もある（広告よりも効果が高いため）。
※雑誌はほとんど面積（1p、1/2pなど）
　記事が占めるページ当たりの面積で計算する。
　(例) 1p単価で200万円×1/4（頁）＝50万円

020 ケースクローズ〜整理の仕方
〜コムパケをレポートに

　この段階までくると、もう次の案件に取り掛かっており、それも序盤を過ぎ中盤に差し掛かっている頃かもしれない。時間を見繕ってしっかりとコムパケを完成させ、整理しておこう。このひと手間が、きっと後になって自分を助けてくれる。

■活動後にコムパケに加えるもの

　案件の発表（広報イベントの実施）後、以下のものをコムパケに収めよう。

① 記者と発表者の間にどういった質疑応答があったか、その議事録
② 掲載記事のコピー、登場番組の画面のキャプチャー写真、ビデオテープの保存先の書架番号
③ アンケートを取った場合、そのアンケート結果のまとめ
④ 広告換算額などの効果測定結果

　ここまでくると、コムパケも随分と厚くなっているはずである。後はレポートだが、これもコムパケをベースに作ってしまえば簡単だ。

■レポートのポイント

　プロジェクトの報告書（レポート）としては右頁のような構成が一般的だろう。それぞれの項目に相当するアイテムは、すでにコムパケの中ででき上がっているはずだ。新たに書き起こす必要があるのは総括の部分だ。ここは以下のようなポイントを押さえて書けばいい。文量はＡ４判の半分もあれば十分だ。

① 活動の概要：何を行なったか
② その結果：出席記者の数や出た記事数など
③ 反省点：各論ではなく、ターゲット設定や実施のタイミング、目標設定の仕方、戦略などの総論について反省点があれば
④ 今回の活動で達成した結果とその裏付け：記事の定性分析結果やアンケートの結果などをベースに、初期の目的を達したか、目標をどの程度クリアしたか、ある程度主観も含めて述べる。

これでコムパケも完成だ。ケースクローズである。しっかりファイルに入れて、机か書庫に保存しておこう。データのバックアップも忘れずに。

コムパケを活用した報告書の例

	内容	コムパケ（001項参照）
日本語版	概要（日時・会場など）	会見パートから
	総括＊	新規
	出席媒体リスト	最終版
	掲載記事一覧（必要に応じ広告換算）	新規
	実際の問答集	
	収支報告（予算と実際の支払額）	
	進行表	プロポーザルパートから
	キーメッセージ	
	トーキングポインツ	
	ニュースリリース	プレスキットパートから
	ファクトシート	
	その他説明資料	
英語版 Executive summary report	Brief report＊	新規
	Press conference attendees	最終版
	Media coverage and translations	会見パートから
	Coverage analysis	新規
	Ad equivalency	
	Press conference Q&As	
	One-on-one Interview script	
	Customer reception summing up	
	Press release	プレスキットパートから

＊＝ここではイベントの実施概要とあらかじめ設定していたGoalとObjectiveに対し、それをどう達成したかを書く。その裏付けとして以下に結果を続けるといい。

コラム1

コミュニケーションは「伝わらない」を前提に

　本書を手に取ってご覧になられている皆さんは、より良い広報、ひいてはより伝わるコミュニケーションを実践するためにはどうしたらいいか、といったことにご関心がおありだと思います。それなのに、いきなり反対のことを言ってしまいますが、コミュニケーションは「伝わらないもの」だと思ったほうが無難です。

　よくよく考えて送信したはずの電子メールで相手を怒らせたり傷つけてしまった、なんていう経験はありませんか。待ち合わせ場所を細かく指定したはずが、待ち人は別の場所にいた、ということもあるでしょう。親しい間柄でも、ずっと誤解していたことがあったりと、筆者自身の経験でも数え上げたらきりがありません。

　これらは総じてコミュニケーションの失敗に原因があるのです。いかに正確に間違いなく相手に伝えることが難しいか、私たちは日頃の生活の中でも実は体験済みなのです。なのにいざ、例えば広報の業務において、記者や株主に何か「伝える」作業をする場合、その難しさを忘れてしまっていないでしょうか。こう書けば分かるだろう、と考えていればまだいい方です。伝わることを前提に、「これで分かるかどうか？」すら、立ち止まって考えなかった、ということも筆者自身よくあります。

　コミュニケーションは伝わらないもの、という前提に立ち、ゼロからのスタートではなく、マイナスからのスタートだと思いましょう。こちらと相手との間には、目に見えない深いギャップがあります。そのギャップを

COLUMN 1

埋める努力を怠ってはいけません。相手の立場に立って理解度を探りながら、できるだけ短く簡潔に伝えるように心がけると良いでしょう。そして一度や二度ではなく、何度でも粘り強く伝えることです。先ほどのメールの例なら、本当に言いたいこと、伝えたいことははっきりと書かれているか、よく読み返すことです。こう書けば意を汲んでくれるだろう、と勝手に考えて、実は誤解を生む文章になっていないか疑ってみることです。また待ち合わせの例では、口で伝えたならメールやFAXでも場所と時刻を知らせましょう。いずれにしろ、「伝わらないもの」という自覚を持ち、その分丁寧に慎重に伝える努力を行えば、説明不足で誤解を与えることはずっと少なくなるはずです。それは日頃の生活でも、広報実務においても、同じことが言えるでしょう。

II

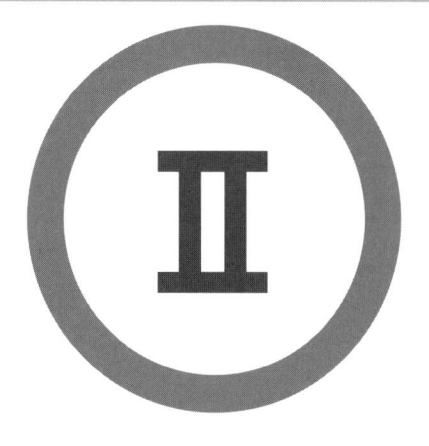

受けの広報と記者会見

広報100のテクニック
021-042

　第1章ではコムパケの作り方を軸に、社内的な作業に役立つテクニックを中心に紹介した。ここからはいよいよ対外広報のエッセンスともいうべき、メディア対応のテクニックに入る。メディア対応は、こちらから積極的に情報を売り込む「攻め」と、取材依頼などに対応する「受け」に大別できる。広報担当者のもとには記者からの取材依頼が今にも飛び込んでくるかもしれない。そうなれば待ったなしの状態だ。この章ではまず、「受け」の基本テクニックを紹介する。併せて広報の代表的なイベントである記者会見についてもポイントを解説する。

021 取材依頼が入ったら
～まず確認することのフォーマット

　街で商品を手にとって、あるいは業界内での噂を耳にして、または新聞や雑誌の記事を見て、記者が貴方の会社に興味を持ったとしよう。そこにニュースの匂いを感じ取って、自分の読者・視聴者に伝える価値があると思ったら、ストレートニュースあるいは企画記事の構想を練って、取材の依頼をしてくるだろう。いずれにしろ、ある日突然広報の電話が鳴り、電話の向こうから記者に話しかけられるわけだ。

　そこで慌ててしまいそうな人は、慣れないうちだけでも右頁の対応シートをコピーして、机の前に貼っておいたらどうだろう。記者から取材依頼の電話が来たらそれを剥がしてひとつひとつ書き込んでいけば安心だ。

　取材依頼を受ける時のポイントは以下の3つだ。

① **取材の趣旨を確認する**

　何を知りたいのか、どういうテーマで取材したいのか。これは普通記者の方が先に説明するはずだが、特になじみのないメディアの場合は、そのターゲットがどんな人たちなのか、取材内容が載るコーナーや特集の内容、トーンはどういったものなのか、よく聞いておく。場合によっては、「今回はお断りすることもある」ということをこの時点ではっきり告げることも必要だ。

② **具体的な質問事項を別途、紙でもらう**

　メディアの媒体資料（発行部数、ターゲット、判型などが書かれたもの）と一緒に、今回の取材テーマと質問事項をFAXか電子メールで送ってもらうよう依頼する。これには2日くらいの時間を与えるといい。なお、取材テーマは①で口頭でも確認しているが、一応間違いがないように、と断って、記者自身に簡単に書いてもらえばいい。

③ **今後の連絡先を交換する**

　記者の急ぎ具合にもよるが、直通電話だけでなく携帯電話や電子メールのアドレスなども交換しておくといい。記者の方の連絡先は②の質問事項と一緒に紙に書いてもらう手もある。

電話による取材依頼対応シート

媒体名	氏名	連絡先(電話:携帯:メール)

取材の趣旨(テーマ)

取材希望日(複数日時)	いつ掲載予定か

どの紙面(コーナー)に載せる予定か	一問一答形式の記事か、ストレートニュースか

取材対象希望者(特定の役員か、担当者レベルか)

どこで今回のテーマに関連して当社のことを知ったか	他の取材先はあるか

具体的な質問事項(聞いた場合。できれば後で紙でもらう)

(メディアによって)原稿は事前に見ることができるか

022 記者はどこで何を調べて取材に来るか

　事件報道と経済報道のケースでは違うが、記者が取材対象企業について調べる際の情報源は以下のような資料、機関が代表的だ。逆に言うと、広報担当者は自社の情報がどこにどのように出ているか、知っておいた方がいい。記者が公然と知り得たあるいは知ることが容易な情報を、隠したり、公表していないなどと言ってしまうことがないように気をつけたい。

① 　新聞雑誌の記事検索

　記者は他紙誌の記事にもよく目を通している。取材前には日経テレコンで過去半年くらいの記事を検索して目を通すという記者は非常に多い。

② 　ホームページや印刷物の会社案内

　これらについて注意が必要なのは旧バージョンだ。前社長が現社長と全く違う戦略を述べていたり、ひっそりと撤退した事業が載っていたりすると、あまり触れられたくないアングルを記者に提供してしまう。またホームページはGoogleで検索すると改訂前の頁がキャッシュで表示されることもある。旧バージョンが要注意なら、Q&Aを準備しておけばいい。

③ 　官報

　日本で上場していない会社も、上場企業に準じる規模の会社であれば広く決算公告しなければならず、それに官報がよく使われる。日本での売上高などを表立って公表していない外資系企業も、この時ばかりは数字を出すのでウォッチしている記者もいる。

④ 　競合他社や監督官庁

　情報源として量、質ともに大きな割合を占めることがある。反対に自分の話したことが記者から彼らの耳に入る可能性もある。肝に銘じておこう。

⑤ 　その他有償無償で公開されている情報源

　登記簿、有価証券報告書、『会社四季報』、『日経会社情報』、Yahoo!ファイナンス、アナリストレポートなど、一応目を通しておこう。

この他に前任者からのファイルという情報源がある。内容は過去の記事や発表資料などだが、この詳しい内容について広報担当者は知るすべがない。

なお、すべての記者が取材前に下調べしてくると思ったら、大間違いだ。初めて会う記者やなじみの薄い記者にトップインタビューなどをしてもらう際は事前に時間をもらって、会社の概要をよく説明しておきたい。

記者が取材の下調べに使う情報源

日経テレコン	（会員はネットで検索可。サービス紹介あり）
企業・人物情報データベース	（Niftyなどのポータル利用）
有価証券報告書「EDINET」	（全文無償ダウンロード可能）
「四季報情報サービス」	（『会社四季報』などをネットで有償閲覧可。基本情報は無償）
登記簿「インターネット登記情報提供サービス」	（インターネットでも主要法務局の登記簿は有償で閲覧可）
官報「官報ダイジェスト」	（一部ネット閲覧可。但し企業決算公告はなし）

GoogleやYahoo!ファイナンス　などのサーチエンジンによる検索
（定期的に自社の社名を入れて検索し、何が出てくるか要チェック）

↓

自分の会社のことがどこにどう書かれているか、知っておくこと

023 電話対応で記者の好印象をゲットする５つのポイント

　記者が広報に電話してきた際に、少しでも良い印象を与えたいと思うのは普通のことだろう。ここでは実際に記者たちに聞いた、好印象を与える電話対応のポイントを５つ紹介しよう。いずれも当たり前のことだが、いつも気をつけたいことでもある。もっとも、好印象を与えようと思ってこうしたことを心がけるのは本末転倒で、相手の求めることに対し、自分が今何ができるか、どうしたら一番相手のためになるか、を考えることが一番大切だ。

① 丁寧な対応
　記者も人の子であり、やはり丁寧に対応されれば良い印象を持つものだ。ただ、あまりやりすぎると慇懃無礼になるので、会社の窓口として普通のレベルを心がけ、誠実に受け答えできれば良いだろう。

② 電話口で待たせない
　問い合わせ内容に即答できない場合、一旦切って（何分後に）折り返した方がいいか、このまま待ってもらえるか、まずは相手に確認したい。

③ 調べて折り返す
　曖昧な返事はせず、分からないことは調べて折り返す、と伝えよう。また、記者は広報の私見や意見を聞きたいのではなく、会社としての見解や事実を聞いている。逆にいえば広報担当者の私論は会社としての正式なコメントになるので注意しよう。

④ 関連情報があれば教えてあげる
　直接記者の関心事に対する情報を持ち合わせていなくても、それに関連した情報があれば教えてあげたい。情報感度の高い、情報源として役立つ広報担当者だと思ってもらえれば、記者との付き合いも幅が広がっていくだろう。

⑤ 最近その記者が書いた記事についてコメントをする
　へつらって誉めるという意味ではなく、「そういえば、この前のＡ社の記事、読みましたよ」程度の一言でいい。付き合いの浅い記者であればなおさら、そういった一言が関係構築にささやかな貢献をするものだ。

電話で好印象を持たれる5つのポイント

- 忙しくても丁寧な対応を心がける

- 電話口で待たせずクイックに対応

- 分からない時は「調べて○分後に折り返す」

- 耳寄りな関連情報を探して積極的に提供する

- 事務的にならぬよう記者にちょっとした話をふる

024 受けられない取材を断るには

　本来広報の立場からすると、会社はどんなメディアにも公平であるべきであり、説明責任を果たすという意味でも、取材の依頼があればすべて受けることが望ましい。しかし実際はタイミングが悪かったり、答えると支障がある神経質な話題だったりと、会社として取材を断るという判断を下さざるを得ないケースもある。

■断わりにくい場合の断り方

　中には、どうして取材を断らなければいけないのか、記者にはっきりと説明しにくい場合や、広報がその理由を知らされないこともある。もちろん、折角の取材依頼を受けるよう、社内で調整してこそ広報だが、現実にはそれでも断る取材は出てくるわけで、その場合記者に断りを入れるのも広報の役目なのだ。

　右頁では、断わる理由をはっきり説明しにくい場合の断り方について、その例を紹介している。状況に応じて参考にしてほしい。

　答えなければ社会的に不正義となるようなケースでもない限り、取材を受ける・受けないを決める権利は、記者にではなくこちらにある。一旦受けたら、その編集権はメディアの側にあり、事実と違ったことを報道されでもしない限り、抗議や訂正の申し入れもできない。受けたくない取材は毅然とした態度で初めから覚悟を決めて断った方がよい。

　もっとも広報がいくら断っても、そのネタが重要であり、情報源となるキーマンを特定されれば、「夜討ち朝駆け」といってそのキーマンの自宅に記者が直接取材に行くケースもある。場合によっては関係のある幹部に「A新聞のBという記者がCの件でご自宅に行くかもしれません」と注意を促し、想定問答を渡しておこう。

　なお、取材を受ける・受けないの折衷案として書面で質問をもらい書面で回答するという手もある。これは法務部など社内関係各所と協議の上で回答できるので安全は安全だが、すべての質問に何らかの回答を書かなくてはな

らない。回答拒否の文言がそのまま記事に使われることもある。また一度そういった関係を持ってしまうと、文通のように何度も書面のやり取りをしなくてはならない場合も実際ある。どうしても関係を持ちたくないメディアであれば、取材自体を拒否した方がいいだろう。

■受けたくない取材を断る場合の常套句
① 詳しくは説明できないが、ある程度理由を添えられる場合
　「その件につきましては、当社は（競争上の／契約上の／法務上の etc.）理由で公表しておらず、したがって取材をお受けしてもお答えできないことが多いと思います。今回は社として見送らせていただく決定をしました」
　（「その競争上の理由とは何ですか？」と突っ込まれても、「お答えできません」と言うしかない）。
② 「今すぐ」というタイミングが問題な場合
　「現在はまだ話せるタイミングではありませんので、大変申し訳ありませんが、今回のご取材は見送らせていただきます」
　（記者が単独で掴んできたネタであれば、それは取材努力の賜物であり、話せるタイミングが来たらその記者だけに話すというのが筋だ。しかし提携など契約相手がいる場合、こちらの一存では決められないかもしれないので、初めからそれを確約するとリップサービスになりかねない。このあたりは臨機応変に対応されたい）
③ 監督官庁や契約相手、本国の親会社などへのさしさわりがある場合
　「そのテーマについて当社には答える立場の人間がおりません」
　（これを言っても、「高橋専務は？」と記者から指名されることもあるが、その立場の人が会社として適任かどうかは、その会社の人しか分からない。分かってもらえなくても、繰り返し伝えるしかない）
④ 取材を受ける人と記者の都合が合わない場合
　「多忙につき（出張中につき）なかなかスケジュールが合いません」
　（この断り方は、実際よく使われているし、普通はこれで大方の記者は引き下がる。しかし相手がいつまでもしつこく取材依頼を続けてきた場合、どこかで違う理由を持ち出さなくてはならず、分が悪くなる。スケジュールが合わないということが事実でない場合はお勧めしない）

025 「ノーコメント」に代わるノーコメント

　十分に準備をして取材を受けたとしても、記者に聞かれたくない質問をされることはままある。記者の方も念入りに下調べをしたり、あの手この手を使ってニュースのネタを聞き出そうと努力しているのだ。取材中に内心「えっ」と驚くような質問をされない方がおかしいと思った方がいい。

　その際、咄嗟に「ノーコメント」といってしまう人がいるが、それは「ノーコメント」というコメントとして、かぎカッコに入れられて記事に使われてしまうリスクがある。ここで問題なのは、その「ノーコメント」というコメントを読者が「否定も肯定もしていない」と読んでくれる保証がない点だ。記者は、記事のトーンによって肯定あるいは否定のどちらかに読ませることも可能なのだ。

　記者にしてみれば、ノーコメントと言われれば絶対そこに何かあると思うだろう。自分が核心を突く質問をした自信があれば、その時の表情や声のトーンで「認めた」と判断し、記事にしてしまうことだってある。

　内容は同じノーコメントでも、「ノーコメント」とは言わない、また違った表現がいくつかある。

　ここでは7つほど、右頁に例を示そう。

　これらをここで紹介するポイントは2つある。ひとつには、咄嗟に「ノーコメント」と言ってしまって、記者に確信を与えないようにすることだ。もうひとつは、記事中でかぎカッコに入れられてコメントとして使われても、読者に「否定も肯定もしていない」というニュアンスが伝わりやすい、ということである。

　なお、「ノーコメント」とほぼ同じ意味で、「ノーコメント」と同様に、言い方ひとつで記者に確信を与えてしまう語句は他にもある。

① 　答えられません。
② 　企業秘密です。
③ 　さあどうでしょう。

④　何とも言えませんね。
⑤　私は聞いていません。
　これらも不用意に使わないようスポークスパーソンにも注意してもらおう。

ノーコメントに代わるノーコメント

「まだ何も決まっていません」
「現在検討中です」
「これ以上何も分かっていません」
「答える立場にありません」
「現時点では全く未定です」
「将来の可能性は否定しませんが、現在そういった事実はありません」
「（競争上の理由により）その情報は公表しておりません」

↓

咄嗟に「ノーコメント」と言って記者に確信を与えない

そのまま「カッコつき」で書かれても、
否定も肯定もしていないことが分かる答え方をする

026 オフレコはあり？ なし？

　取材先と記者の間でオフレコは守られるか否か。これは単純に記者による。オフレコといわれた情報は書かないと決めている記者もいれば、記者である以上ネタによっては書く、という記者もいる。これはオフレコの約束相手が広報担当者でも社長でも、記者にとっては同じことだ。

　広報コンサルタントの立場からは、「オフレコは通用しません。したがって発言はすべて記事に使われる覚悟で話してください」ということになる。オフレコのつもりが記事になって困ったというケースが多々あるからだ。

　しかし、ライバル会社が打ち出した新しい施策の背景や、競合他社と自社の比較といった「裏話」を「実はかくかくしかじかで」と話すことはよくある。記者と腹を割って話し合い、分かり合うためには、時としてこうした話も必要だ。

　もっとも記者にオフレコについて聞くと、「オフレコと言われて、本当に書きたくなることはめったにない」という返事がよく返ってくる。ネタ元（情報を提供する側）が心配するほど、記者が興味を抱かないケースは結構多い。

　オフレコを記者に持ちかける場合は、それを潤滑油に記者との関係を良くしよう、という狙いでするといい。そのためには、記者が書けるような道を作ってあげることだ。自分がネタ元とはばらさずに、どこそこの誰に取材するといい、といった情報を与えてあげれば記者も動きやすい。これなしでオフレコばかり連発すると、記者にしてみると他で同じ話を聞いても書きづらい、といった迷惑な話になる。

　そしてオフレコ話を持ちかけるなら、最後にはネタ元である自分の談話として流されることを覚悟するべきだ。記者の方も、どうしても書かなくては記者としての使命にもとるという状況になれば、書かざるを得ない。その時は黙って出すのではなく、いつ出るかくらいは教えてくれるはずである。それまでに記事が出た後の始末を準備しておくしかない。

オフレコを持ち出す前のチェック事項

オフレコに値する情報か

記者の声)「オフレコでない情報をオフレコと言われるとただ記事が書きにくくなり迷惑」

記者に書く「道」を与えられるか

記者の声)「自分が言ったと言わないで、と言われれば守る。その代わり、どこの誰に聞いたらもっと詳しく聞けるか教えてくれると助かる。その場合も名前は出さないから」

書かれて困るネタなら言わない

記者の声)「ざっくばらんな裏話は大歓迎。それは参考にはなっても書くようなネタでないことが多いから心配無用。でも書かれて困るなら初めから話さないで」

最後には書かれる覚悟はできているか

記者の声)「本当に書くに値するネタならオフレコを破ってでも書く。それが記者だと思うから」

⬇

> オフレコは記者へのサービスとならないことの方が多い

> 本当にオフレコ話をする価値があるかよく考えること

027 記者が使う、インタビュー時のテクニック9

　電話取材やインタビュー時、記者は情報を取ろうとあの手この手でやってくる。ここでは、記者本人から聞いたテクニックの類と、その注意点を紹介したい。

① **誘導尋問**

　「これはA（認めていい事実）ですよね」「こっちはB（認めていい事実）ですよね」「とすると今後AとBによってC（聞き出したいネタ）になりますよね」といった誘導。前提条件を2つ以上認めると最後の推論も認めざるを得ないという気になるが、ここはこらえる必要あり。

② **言い換え**

　「要するに〜」や「つまり〜」と記者がまとめに入ったら要注意。記事に使えるよう、都合よく言い換えられる場合がある。よく聞いて、意図しない部分が少しでもあれば訂正することが大事。

③ **わざと行き過ぎる**

　A（聞き出したいネタ）を聞くために、わざとB（さらにその先の展開）をぶつけてくる手法。こちらが「さすがにそれはまだないでしょう」と答えると、すかさず「でも、ここまで（A）はあるでしょう」と突っ込んでくる。するとつい、そこ（A）まではね、と認めてしまいたくなる。

④ **無言（ポーズ）**

　こちらが答えた後も、記者が何も言わず黙っていることがある。すると不思議なものでまだ何か言わなければいけないのかと焦り、ついつい余計なことまで話してしまうことがある。記者はただ次の質問を考えているだけかも知れない。聞かれたことと、言いたいことだけを話せばいい。

⑤ **煽り**

　「新規事業が上手くいっていませんけど、撤退するんでしょう」など、勝手に結論付けて議論をふっかけてくる手口。こういった極端な批判で相手を煽っておきながら、実は特定のコメントを狙っていることがある。あまりに

も度が過ぎていると感じたら、立ち会っている広報が、今日の取材趣旨を確認するなどの方法で間に割って入ったり、最悪の場合、取材を受けている人を退席させても構わない。

⑥　二者択一

「売却先はA社ですか、B社ですか」と選択肢を出されると、つい選んでしまったり、「いや外資という選択肢だってあるんですよ」など口を滑らせてしまうこともある。まだ言えないネタの場合は「何も現時点でお話しできることはありません」など、基本スタンスに戻ろう。

⑦　仮定の質問

「A社がBしたら（仮定の話）、御社は当然Cするでしょうね」という聞き方。こういった話の場合、Cはまだ未決定であることが多く、認めるのは時期尚早だ。また「A社を買収したとして、その後B事業はどうしていきますか」といった仮定の話に同調してBについて詳しく説明すると、その仮定の話（A社を買収する方針）を認めたことになり、「C社、B事業部とA社を統合」などと書かれることになる。

⑧　カマかけ

「社長はAさんに内定しました（聞きたいネタ）が、残る会長人事はやはりBさんですか」などと、さも公然となったようにぶつけてくるケース。事実を知っていながら黙っている関係者が複数いて、しかも誰がいつそのネタをばらすか疑心暗鬼になっている場合、引っかかりやすい。

⑨　ノートを閉じる／エレベーター・ホールの雑談

インタビューの途中で雑談に入り、記者がノートを大げさに閉じることがある。口には出さないが、もうここからはオフレコで、記事にも書きません、ざっくばらんな情報交換をしましょう、という態度と表情になる。インタビューを終えた後に、エレベーター・ホールまで記者を見送っていく時間も要注意だ。フランクな雰囲気にうっかり乗せられ重要なネタをしゃべってしまうと、次の日しっかり書かれていたりする。記者によってはすべてのコメントを暗記して、取材先を離れるや否やノートに書き写す、という芸当だってできるのだ。

028 記者クラブとそのルール

　記者クラブは中央官庁や地方自治体、警察署、経済団体、一部の大手企業など、ニュースの発信源となっているところにある。クラブは記者で構成され、そこで発表するのはクラブが入居している組織や、外部の民間企業だ。例えば東京証券取引所の兜倶楽部では東証とその上場企業が、日銀クラブなら日銀と銀行や生命保険会社など、重工クラブでは製薬会社や重化学工業会社などが発表を行なう。

　これまで記者クラブで発表していない企業がクラブで発表する場合、業種業態でどこのクラブで受け付けてもらえるか、ある程度決まっている。どこのクラブでも交代制で幹事社が決まっているので、まずは幹事社を確認し、そこの記者に発表案件の概要を話して発表できるか相談しよう。

　記者クラブには大手の新聞や通信社、テレビ局、ラジオ局が加盟しているので、そこで一度に発表できるメリットは確かにある。一般的に発表の48時間前に申込みが必要だが、幹事社にOKされればクラブのボードに発表予定として書き込まれる。一旦そこに予定として書き込まれると、加盟メディアは原則的にその案件に関する取材は発表までできないことになっている。これを黒板協定や縛りと呼んでいるが、縛りがかかれば発表直前にどこかの社にスクープで抜かれたり、発表前から取材攻勢をかけられ、その対応におおわらわ、ということもないわけだ（黒板協定を廃止したクラブもある）。さらに2日前から予定が分かれば記者もスケジュールや紙面を空けやすい。

　こう書くといいことずくめのようだが、実は全国紙などが入っている記者クラブには、ビジネス誌や専門雑誌、業界紙は加盟していない。そのため、クラブだけで発表すると、情報公開という面で公平さに欠ける。

　クラブで発表をする場合、クラブに加盟していない社にも公平な情報提供を心がけたい。クラブでレク（レクチャー）付き発表する場合も、別会場で記者会見を実施したり資料を個別に届けるなど、加盟社以外も考慮しよう。

記者クラブのメリット・デメリット

メリット
一度に多くの報道機関に発表できる
予定が白／黒板に書かれた時点で注意喚起になる
縛りがかけられる

デメリット
雑誌などが入っていない
ルールがあり面倒
付き合いが面倒なことも

記者クラブでの資料配付の一般的な流れ

（※各クラブによって多少違うので要確認）
↓
幹事社に専用用紙と電話で申込み
↓
OKなら、その後クラブ受付に連絡
↓
指定日時に資料を投げ込み
↓
クラブ受付に予備を渡す
↓
（ついでに白／黒板で他社などの予定をチェック）

記者クラブの代表的なルール

48時間ルール

発表48時間前に申し込む。申込みは夕方5時以降は通常不可、48時間に土日祝日は含まない。
※ただし、外もの（海外ネタ）、トップ人事、提携関連は例外。

レク付き発表の説明者は役員以上

黒板協定

029 記者クラブの変化と今後の付き合い方

　多くの場合、記者クラブはそのクラブがある場所、例えば東京商工会議所などが部屋を貸し与え、受け付けや清掃などの人やコストまで面倒見ている。そのため、発表者と取材者のもたれ合いを生んでいるとの批判がある。一方で、一部の報道機関による閉鎖的な組織が税金で施設を占有するのはおかしいとして、1996年には鎌倉市が記者室を廃止したり、2001年に田中康夫長野県知事が脱記者クラブ宣言を打ち出して話題になった。

　また一部の記者クラブを除き、日本新聞協会に加盟する新聞社・通信社・テレビ局・ラジオ局などに加盟社を限定し、雑誌やオンライン・メディア、一部の外国報道機関などを排除しているため、公平性にも問題があると批判されている（日本新聞協会はウェブサイトで記者クラブについて見解を発表しているので、興味があればこちらを参照されたい）。

　こうした流れもあって、記者クラブも変わってきている。今ではほとんどの主要クラブで、ロイター通信やウォール・ストリート・ジャーナルなど外国報道機関が加盟しているし、兜倶楽部などでは48時間ルールを撤廃している。また「経団連記者会（機械）」（通称：機械クラブ）は99年に廃止されたが、これは同クラブが占有していた経団連会館の一室を経団連が退去するよう求めたことが主な原因だった。経団連の会員企業でない情報通信機器メーカーやIT企業などの発表が増え、経団連が機械クラブの運営経費を賄う意味がなくなってきたことがその背景にあった。しかし、それ以前からこのクラブで活動をするメディアが減ってきていたことも大きかったという。日経や読売新聞、朝日新聞といった大手新聞社が機械クラブのすぐ近くに、独自の取材センターを設けていたためだ。手狭で人数（席）の制限や他紙の干渉もあるクラブにいるより、より自由に活動できる自社の取材センターの方が取材活動も執筆もはかどる、ということだ。

　今後も記者クラブの存在自体はなくならないと思われるが、発表者である企業の方は、クラブとの付き合い方を絶えず見直していくべきだろう。

新聞やテレビの影響力は衰えずとも、メディアの多様化が進み情報のスピードも日増しに加速している。実際、IT業界などでは、48時間ルールの適用を受ける記者クラブでの発表では遅すぎると、別途電子メールやFAXで、各クラブにいる記者に個別にリリースを送る会社が多くなっている。

記者クラブの変化に合わせていくことも大切だが、記者クラブをより開かれた使いやすい場所にしていくよう発表者側も働きかけていく努力が必要ではないだろうか。

主な東京の記者クラブ（50音順）

クラブ名	郵便番号	住所	電話番号
エネルギー記者会	100-0004	千代田区大手町13-2経団連会館18F	03-5220-5650
科学記者会	100-8959	千代田区霞が関3-2-2文部科学省16F	03-3593-0045
兜倶楽部	103-8220	中央区日本橋兜町2-1東京証券取引所	03-3666-1900
環境省記者クラブ	100-8975	千代田区霞が関1-2-2中央合同庁舎第5号館	03-3580-3174
金融記者クラブ	103-0021	中央区日本橋本石町2-1-1日本銀行内	03-3277-1224
経済産業記者会	100-8901	千代田区霞が関1-3-1経済産業省内	03-3501-1621
経済産業省ペンクラブ	100-8901	千代田区霞が関1-3-1経済産業省本館9F	03-3501-1624
経済団体記者会（財界クラブ）	100-0004	千代田区大手町13-2経団連会館18F	03-3279-1411
警視庁記者クラブ	100-8929	千代田区霞が関2-1-1警視庁内	03-3581-4321
警視庁七社会	100-8929	千代田区霞が関2-1-1警視庁内	03-3581-4321
厚生労働記者会	100-8916	千代田区霞が関1-2-2中央合同庁舎5号館9F	03-3595-2570
国土交通記者会	100-8918	千代田区霞が関2-1-3国土交通省5F	03-5253-8111
国土交通省交通運輸記者会	100-8918	千代田区霞が関2-1-3国土交通省8F	03-3504-2510
財政クラブ（地方紙）	100-8940	千代田区霞が関3-1-1財務省3F	03-3581-3731
財政研究会	100-8940	千代田区霞が関3-1-1財務省3F	03-3581-3728
司法記者クラブ	100-8933	千代田区霞が関1-1-4高等裁判所内	03-3581-5411
自動車産業クラブ	105-0012	港区芝大門1-1-30日本自動車会館	03-5405-6141
重工業研究会	103-0025	中央区日本橋茅場町3-2-10 鉄鋼会館2F	03-3669-4829
情報通信記者会	105-0003	港区西新橋1-1-3東京桜田ビル4F	03-5521-1047
総務省記者クラブ	100-8926	千代田区霞が関2-1-2総務省内	03-5253-5111
東商記者クラブ	100-0005	千代田区丸の内3-2-2東商ビル内	03-3283-7517
ときわクラブ	151-8578	渋谷区代々木2-2-2JR東日本本社ビル14F	03-5334-0920
日本外国特派員協会	100-0006	千代田区有楽町1-7-1有楽町電気化学北館20F	03-3211-3161
日本記者クラブ	100-0011	千代田区内幸町2-2-1日本プレスセンタービル9F	03-3503-2722
農政クラブ	100-8950	千代田区霞が関1-2-1農林水産省3F	03-3591-6754
農林記者会（専門紙）	100-8950	千代田区霞が関1-2-1農林水産省南別館302号室	03-3501-3865
法曹記者クラブ	100-8977	千代田区霞が関1-1-1法務省20F	03-3592-7006
貿易記者会（貿易）	107-6006	港区赤坂1-12-32アーク森ビルジェトロ内	03-3584-6546
郵政記者クラブ	100-8798	千代田区霞が関1-3-2日本郵政株式会社1F	03-3504-4411
レジャー記者クラブ事務局	110-8601	台東区東上野5-1-5日新新上野ビル5F休暇村協会	03-3845-8651

030 「記者会見」「記者発表会」「記者説明会」違いはあるの？

　ここからは記者会見についてしばらく解説していく。その前に、「記者会見」という語句について、少し整理しておきたい。「記者会見」は一番普通に使われている名称だが、この他に「記者発表会」「記者説明会」など他の言い方もあり、それぞれ微妙にニュアンスが違う。

　あまり厳密に使い分ける必要もないが、このニュアンスの違いについて記者たちや企業の広報担当者らに聞いてみると、意外にもしっかり共有されていることが分かった。双方が同じような認識を持っている以上、その違いを知っておいた方が何かとトラブルがないだろう（違いを感じないと言う記者も複数いたことも明記しておく）。

① 記者会見

　最も普遍的な呼び方。以下の「記者発表会」と「記者説明会」も記者会見と呼んでも一応は差し支えない。ただし、どちらかといえば人物にフォーカスしていたり、緊急性が高いといった印象を受ける。用例としては、社長会見、大臣会見、海外の本社CEO来日会見、M&Aや爆発事故などの緊急記者会見、など。

② 記者発表会

　記者会見と比べ、製品やサービスなどにフォーカスしているイメージ。発表会と銘打つ以上、何か発表があるわけで、そこにニュースがあることを主張している。しかし緊急性については記者会見より若干落ち、逆に発表の日をそこに選んだという印象を与える。用例としては、新型車発表会、新型介護サービス記者発表会、新コーポレート・ロゴ発表会、など。

③ 記者説明会

　製品の詳細や、企業活動の背景、現在の状況などを説明するもので、あまりニュース性は高くない印象だ。広報があえてこれをタイトルにつける場合、特段大きなニュースはないが、今後の取材活動や記事の執筆に役立つような情報を説明したい、という意図が含まれることが多い。記者も出席したら必

ずストレートニュースが一本書けると期待してこないことが多い。当然その分、出席率は低くなるだろう。

「記者会見」「記者発表会」「記者説明会」

記者会見

- 緊急性　高
- 汎用性　高
- 人物が中心のことが多い

記者発表会

- 緊急性　中
- ニュース性　高〜中
- 商品やサービス、新ブランドなど

記者説明会

- 緊急性　低
- ニュース性　低
- 勉強会、記者向けセミナーなど

031 一般紙と業界紙、記者とアナリスト、会見での同席は？

　記者会見で、一般紙と業界紙・専門誌を分けることがある。理由は一般紙が社会的に大きな影響のあるニュースを追いかけるのに対し、業界紙の方は取材対象が狭く細かいため、一緒にすると資料や質疑応答のレベルが合わない、ということが大きい。他方、ただ単にお互い反目して仲が悪いから、ということを理由に挙げる企業もある。また、業界紙とはすでに暗黙の了解になっていることで公然の事実にしたくないことを、全国紙に知られてしまうリスクがあると心配する人もいる。

　ある機械メーカーでは、一般紙やビジネス誌などを対象に午前中に社長が出てきて記者会見し、午後に同じ会場で業界紙向けに会見することがある。この場合、業界紙向けの会見に社長が出てくることはまずなく、担当役員や営業本部長などのケースが多い。ただしこれは、業界紙の細かい質問には社長では答えられないためだ。また、日用品メーカーが新製品の記者発表会を一般紙向けにやった後、日を改めて流通業者向けに新製品の説明会を実施し、そこに業界紙記者も招待する、といったケースもある。これも流通業界と密接な関係を持つ業界紙には好都合なことでもある。

　つまり、一般紙と業界紙は仲が悪いから一緒にできない、などの理由ではなく、ターゲットとなる記者たちにとって一番分かりやすい、都合のいい会見を心がければいいのだ。そういった意図があれば「一般紙と業界紙を分けて業界紙の記者が気を悪くしないか」といった心配は不要になる。

　ただし、記者（業界紙を含む）とアナリストは分けたほうがいいだろう。情報公開の公平性という観点では何もかも一緒にして構わないという論者もいるが、業績や投資効果といった、採算を第一に考えるアナリストと、企業活動における社会性などにも関心を寄せる記者とでは、情報の出し方、見せ方が変わって然るべきだ。例えばニュースリリース一本にしてもアナリストと記者では必要な要件が異なるが、情報公開の公平性をアピールして一本化したら、両者にとって非常に分かりづらいものになってしまうだろう。

一般紙と業界紙・専門誌

それぞれ求める情報の質に合わせて柔軟に対応

●一般紙と業界紙・専門誌

	一般紙	業界紙・専門誌
求める情報	社会的関心事項（新商品、新工場建設、子会社設立、新規事業、海外案件、社長人事など）	業界向け専門情報（左に加え、営業所開設・閉鎖、売れ筋情報、部長級人事、中堅幹部へのインタビューなど）
業界・商品知識	低	高
発表者の役職へのこだわり	重要（経営者がベスト）	それほどでもない
具体的な数字	ないと記事にならないこともある	「なければないで仕方ない」というスタンス

●記者とアナリスト

	経済記者	アナリスト
求める情報	企業活動が社会に与える影響が中心	主に機関投資家に提供する投資判断の材料
業界・商品知識	低	高
発表者の役職へのこだわり	重要（経営者がベスト）	重要だが経営者だけにこだわらない（要は「分かっている人」）
具体的な数字	ないと記事にならないこともある	非常に重要。出していない数字は自分で計算して提示してくることも

032 記者会見の準備
～スケジュールとチェックリスト

　記者会見をやることになったら、まずは会場を決めよう。社内の会議室を使うならいいが、ホテルなどの外部会場を使う場合、空きがあるかどうかがまず問題になる。発表日がどうしてもこの日でなくてはダメ、というのではなく、良い会場が取れる日でよいという場合は、候補日をいくつか設けて複数の会場に問い合わせてみよう。自分でカレンダー様式の表を作り、そこに空いている会場名を入れていくと比較しやすい。

　空き状況を確かめる際に会場側に伝える主なポイントは以下の3点だ。
① 日時（まずは何日の午前あるいは午後、という聞き方でも大丈夫）
② 人数（「50人のスクール形式の会見」「150人の立食パーティ」などと）
③ 内容（「IT業界の会社の記者会見」など。同業他社のイベントが同じ日に入っている場合、断られたり、教えてもらえたりすることがある）

　なお、会場と日時の選び方については035項でも述べているので、参照してほしい（記者会見の準備を始める際のチェックリストも巻末に収録）。

　会場を押さえたら日時が決まる。そこから逆算して、まずはスケジュールを立てよう。記者宛に招待状をFAXするのは約2週間前がいい。とすると、誰が出て何を話すか、最低でも3週間前には決まっていなくてはならない。現時点でもう3週間を切っていて、発表日を動かせないとしたら、すべての準備を大急ぎでやらなくてはならない。広報担当者だけが焦っても仕方ないので、今後どういったスケジュールで動いていくか、そしてどのタイミングで誰が何をいつまでにしなければならないのか、他部署のスタッフを巻き込むためにも、スケジュール表とチェックリストを作成して社内に回そう。

　広報代理店のAEは、クライアントから記者会見の予定を聞いたり、こちらから提案した場合には、まず会場を仮押さえし、すぐさまスケジュール表とチェックリストを作成して提出することが重要だ。

　参考までに、スケジュール表とチェックリストの見本も巻末に収録した。必要に応じて加除修正して使ってほしい。

会場選びと仮予約のフロー

候補日と候補会場をリストアップする

時間は午前11時か午後1～2時スタートを基本に考え、
候補日はなるべく週の前半に
会場は記者の集まりやすいところに（94頁参照）

⬇

電話で空き状況を確認する

①日時
②人数　（左頁参照）
③内容

カレンダー様式の一覧表に記入

曜日	月	火	水	木	金	土	日
日付 会場 部屋名 リリース日	11 Aホテル 松の間 （21日）	12 Cホテル ローズ （29日）	13 ホテルB ボールR （3日）	14 Aホテル 梅の間 （25日）	15 ×	16	17
日付 会場 部屋名 リリース日	18 Bホテル バンケR （8日）	19 ×	20 ×	21 Aホテル 松の間 （7日）	22 ×	23	24

※リリース日とは、その仮予約を何日までホールドしておけるか、という締め切り日のこと。

⬇

下見&打ち合わせ

（ポイントは96頁参照）

⬇

会場決定➡速やかに他の仮予約をリリース

033 記者会見の進行(1)

　記者会見がどのように進行していくのか、当日の現場での準備から本番、撤収までの一般的な流れを見ていこう（なお、スポークスパーソンやスタッフに配布するための進行表（兼進行台本）を巻末に収録したので、サンプルとして参考にしてほしい）。以下、午前11時にスタートする会見の例だ。

① **スタッフ入り（8：00）**
　広報スタッフが現場（ここではホテルを想定）に入る。

② **セッティング開始（8：00）**
　前日までに机や椅子のレイアウトが済んでいれば、その配置、数を確認。また両サイドや最後列の記者席に座ってプロジェクターとスクリーンの位置を調節。照明を調節しスクリーンと手元、両方が見やすい照度を確認する。受付回りもセッティングを終わらせる。

③ **テクニカル・ランスルー（8：30）**
　ドアの開閉、MC（司会）の挨拶、プレゼンテーションの頁送り、音響、照明など、スポークスパーソンのスピーチ以外の部分を本番どおりに通してやってみる。

④ **スポークスパーソン（発表者）入り（9：00）**
　スポークスパーソンにはこの時間に到着してもらう。

⑤ **会場チェック（9：00）**
　まずはざっと会場を見せ、自分がどういった場所で話すのか、雰囲気を掴んでもらおう。これで落ち着くという発表者は多い。

⑥ **エグゼクティブ・ブリーフィング（9：10）**
　控え室があれば移動して、広報から直前の説明をする。記者の出席状況、キーメッセージ、出そうな質問と注意すべき回答のおさらいなど。また当日の朝、発表テーマに関連する記事や、競合他社のビッグニュースなどがあれば、それもインプットしておこう。

⑦ **プレゼン練習（9：30）**

いわゆるリハーサル（以下リハ）。発表者に一通り現場で練習してもらう。

⑧　受付開始（10：00）
業界紙記者は大体スタートの30分前から集まってくる。まだ会場ではリハ中なので、ホワイエ（続きの間）や近くのロビーで待ってもらおう。テレビカメラが入る会見なら、クルーが同じような時間にやってくる。彼らはできればリハ中でも入れてあげて、準備をさせてあげよう。受付については106頁参照。

⑨　ドアオープン（10：30）
先に来てロビーなどで待ってくれている人たちをまず呼びに行くこと。

⑩　ビデオ上映（10：30）
本番開始までの待ち時間に、会社や製品紹介のビデオを流しておく。

⑪　登壇者入場（10：58）
誰かが控え室に呼びに行き、このタイミングで発表者用の席に着いてもらう。いよいよ本番開始かと、会場が静かになる。

⑫　ドアクローズ（11：00）
記者の集まりが悪ければ最長5分程度待つ。その場合MCは「開始時間が過ぎておりますが後5分少々お待ちください」などとアナウンスすること。

⑬　MC挨拶（11：00）
開会の宣言、出席へのお礼、自己紹介をする。MCの台本は巻末参照。

⑭　登壇者紹介（11：01）
登壇者は名前を呼ばれたら立って軽く一礼。

⑮　今日のスケジュール紹介（11：02）
式次第と時間配分、特に終わりの時刻を事前に説明する。

⑯　プレスキット内容確認、通訳レシーバーの説明とテスト（11：03）
プレスキットに不備がないか、またレシーバーはちゃんと聴こえるか。

⑰　発表（スピーチ・プレゼン）（11：05）
原則的にはマクロ→ミクロという流れで発表していく。例えば世界市場の展望とグローバル戦略について（グローバルのCEO）→日本市場の現状と今後の経営戦略（日本の社長）→営業戦略（常務）→商品説明（開発担当部長）といった流れが分かりやすい。

034 記者会見の進行(2)

⑱ **質疑応答（11：45）**
　総じて日本のメディアからは質問があまり出ない。外国で会見慣れしている海外から来たトップが、質問がほとんど出ないために自分のプレゼンがつまらなかったのかとショックを受けることもある。無言の状態が続くのは耐え難いが、MCは場の空気を読みつつ、根気よく質問を待つことが大事だ。質疑応答時のポイントは108頁でも述べているので参照されたい。

⑲ **通訳を逐次に変える**
　ここまでは同時通訳していても、質疑応答では逐次にして、登壇者に考える時間を与えるやり方もある。

⑳ **質問受付終了予告（11：55）**
　そろそろ時間が来たので質問は後ひとつふたつ、と予告する。

㉑ **会見終了（12：00）**
　最後の質問への回答が終わったところで閉会の宣言、出席へのお礼、アンケートがあれば回答のお願いなどを。

㉒ **ぶら下がり対応**
　登壇者の周りに記者が集まって名刺交換や直接質問をぶつけたりしているはずだ。これをぶら下がりという。広報も、部長など責任者は記者に取り囲まれることが多い。スタッフは手分けして幹部の周りに張り付いて、どういった質問と回答がされているか、チェックしよう。

㉓ **撤収（12：45）**
　後片付けは記者がまだ残っていても目立たぬよう始めて構わない。真っ先に注意したいのは発表者用のテーブル上だ。会見が無事に終わってほっとしたのか、記者には絶対見せられない想定問答集や社外秘の資料をそこに置き忘れていることもある。質疑応答中に取ったメモの類も同様だ。記者に取られる前に片付けてしまおう。

記者会見進行表（例）

梅の間　控え室・懇親会会場　　ホワイエ　松の間の前のスペース
松の間　会見会場

時刻	部屋	プログラム	広報部・代理店	発表者	通訳	MC	Hotel
8:00	松	集合 会場セットアップ	集合 会場確認			集合	
9:00	梅	ブリーフィング	梅へ移動 ブリーフィング（9:10〜9:30）	集合		梅へ移動	飲み物
9:30	松	リハーサル		リハーサル			
10:00	ホワイエ	受付開始	受付（担当A、B）	↓	↓		↓
10:30	松	開場	誘導（C、D、E、F）	通訳と打合せ（梅）		入場	Coffee
10:30			案内（D）	入場			
11:00		記者会見開始				台本参照	録音
						↓	
11:05		会長から挨拶	照明（E） PC操作（D）	会長			
11:15		社長から発表	PC操作（D）	社長			
11:25		営業部長から説明	PC操作（D）	営業部長			
11:45		質疑応答	照明（E） マイク（C、F） 記録（D、F）	全員		↓	↓
12:00		会見終了	記者を誘導		記者対応	梅へ移動	
12:15	ホワイエ	記者誘導	記者対応		梅へ移動	準備	準備
12:20	梅	懇親会開始				台本参照	
13:30		懇親会終了	撤収開始	退室		↓	撤収開始
14:00		撤収完了	↓				↓

035　記者会見はどこで行なうか

　これについては「記者がいるところで」が原則だ。実際、複数の編集部を持つ出版社に赴いて、会議室を借りて説明することもある。複数社から記者を集めて会見をしたかったら、その記者たちが集まりやすいところ、ということになる。ある自動車部品メーカーは社長交代の会見でも、その用に供せる部屋がいくらでもある本社に記者を呼ぶことをせず、新旧の社長が揃って最寄りの大都市まで出向いて会見をする。

　記者クラブで会見することの多い会社でも、クラブに加盟していないメディアにも同時に発表したい場合、ホテルや会館などの外部会場を借りているが、その場合でもクラブに近い場所を選んでいる。

　ホテルはサービスや格式では問題なしだがコストが高いと感じる会社もあるだろう。それなら、貸しホールやイベント会場を検討したらどうだろう。ホテルのボールルームに劣らない見栄えと落ち着きのあるスペースが、比較的リーズナブルに借りられるところも結構ある。

　なお、日本経団連の会員もしくはそれに準ずる資格があれば、東京大手町の経団連会館カンファレンスも便利だ。隣が日経、すぐそばに読売新聞、産経新聞という好立地だし、料金もリーズナブルだ。一方外資系企業に比較的よく利用されるのが、東京・有楽町にある日本外国特派員協会（通称FCCJ）だ。東京・麻布台にある東京アメリカンクラブは米系企業がよく使う。いずれもメンバーであれば料金はリーズナブルだし、使い勝手も悪くはない。場所柄、日本人記者には敬遠されるのでは、と危惧する人もいるが、記者は何も抵抗ないと言っている。もちろん両クラブとも、日本人記者お断りということは全くない。

　最近はどこの会場もインターネットのアクセスには力を入れているが、中にはいまだにお客が自らNTTに連絡し、ISDNを臨時に引かなくてはならないところもある。インターネットのデモなどの必要があるなら、光ファイバーやADSLの有無、それもどの位の容量があるかを確認しよう。

記者会見の定番会場（東京）

種別	エリア	会場名	特徴
会員組織	大手町	経団連会館カンファレンス	立地好適。リーズナブル。着席で30名から50名程度に好適。ホールは約600名
	有楽町	日本外国特派員協会（FCCJ）	好立地。ランチョンやパーティに好適。海外メディアを対象にする場合も最適
	麻布台	東京アメリカンクラブ	立地不便。米系企業向き
ホテル	日比谷	帝国ホテル	高格式。孔雀の間は最大2000名収容。小部屋も多く使い勝手非常に良。外資系にも人気。天井低く大スクリーンは厳しい
	虎ノ門	ホテルオークラ	立地好適。格式も高い。平安の間は最大シアター形式で1590名収容。小部屋も多く使い勝手は良。顧客のリクエストに柔軟に対応
	赤坂見附	ホテルニューオータニ	好立地。鶴の間は最大2500名収容。スクール100名以上の大会見向き。小部屋は高層階に多く使い勝手は普通
	西新宿	パークハイアット東京	高格式だが立地が不便。ボールルームはシアター形式で320名収容。記者会見より顧客向け
	六本木	グランドハイアット東京	立地は良。グランドボールルームは最大1200名。天井が高く大スクリーンも張れる
	目白	ホテル椿山荘 東京	高格式。階段式会議場はIT企業に人気。ボールルームは最大600名。但しアクセスにやや難あり
	恵比寿	ウェスティンホテル東京	立地は駅からも遠くやや難。外資系には人気。ギャラクシーはシアター形式で1224名収容
	大手町	パレスホテル東京	好立地。葵はシアター形式で1440名収容。2012年リニューアルオープン
	日本橋	マンダリン・オリエンタル東京	好立地。グランドボールルームはスクール形式で260名、シアターで500名収容
	高輪	グランドプリンスホテル新高輪	最大シアター形式で2550名収容の飛天は日本最大。どの部屋も大きいので大会見向き
貸しスペース	大手町	レベルXXI（21）	東京會舘の貸しスペース。少人数の懇談会から最大はカクテルパーティ形式の250名まで8つのスペースが選べる。リーズナブル。好立地
	北青山	TEPIA	一般財団法人高度技術社会推進協会が運営するホール＆会議室。IT関連の催事に人気。料金もリーズナブル。ホールは最大250名

036 下見は絶対にすること

　使い慣れている会場以外は必ず下見をするべきだ。下見の際は会場の営業担当者と日時を合わせ、必ずその部屋を見せてもらうこと。そしてその担当者と細かい点について打ち合わせもしておこう。その際のポイントは以下の通りだ。巻末にも事前打ち合わせのチェックリストを収録している。

① 動線（導線）

　特に手前の部屋で、同じ時間に動線が重なるような出入りがないか、その日の予定と合わせて確認する。

② 出入口と受付の位置

　会場とその使い方によっては記者席の後ろではなく、正面や側面から出入りするレイアウトになってしまう場合もある。記者会見中の出入りを想定して、ドアが目立たないところにあるか確認したい。受付も、出席予定者数が50名程度なら、記者が同時に3名程度横に並べるスペースが取れればいいが、300人も集まるようであれば、横に10名分位のスペースは必要だ。記者会見では開始直前に来場者が集中する。受付テーブルをどこにどう置くか、確認する。

③ レイアウトの確認

　演台、スクリーン、プロジェクター、雛壇（登壇者の席）をどこにするか。事前にレイアウトを出してもらっておき、図面上で気になる部分があれば、そこだけでもセットしてもらおう。特に雛壇から記者席の一列目などは、実際に見てみると詰まりすぎていたり逆だったりと、感じが違うものだ。

④ 柱など見にくくするものはないか

　部屋の中に独立した柱がないかどうかは、空き状況の確認の際にも電話で確認できるが、シャンデリアや出っ張った柱などは、現場でないと分かりづらい。記者席の最後列や、左右の端の席あたりから、演台やスクリーン方向を見て視界をさえぎるものがないか、確認しよう。

⑤ 壁や絨毯、天井が華美すぎないか

あまり華美すぎると雰囲気にそぐわないことがある。まばゆいほど豪華絢爛なので聞いてみると結婚披露宴専用の宴会場だったこともある。

⑥　会場の照明の調節はどこで行なうか

プロジェクターで映像をスクリーンに投影した時一番見やすい明るさと、記者の手元で十分メモが取れる明るさのバランスを取る必要がある。会見中にダウンライトがスクリーンに当たる場合、その範囲の電球だけ抜いてもらおう。

⑦　マイクは有線無線何本取れるか

会場の広さにもよるが、有線マイクをMCと演台に1本ずつ、ワイヤレスを記者からの質問用に2本、回答用に雛壇にも1本は用意したい。以上のマイクは通訳を入れる場合、通訳者に音声を伝えるためにも必須となる。

⑧　同時通訳ブースの場所はどこ

通訳者は普通、スピーカーの口元が見やすい場所を希望する。しかしスピーカーの正面は記者に座ってもらいたいので、少しずれてもらうことになる。控えめな場所でかつ見やすい、というバランスのとれた位置を決めたい。また、今は同時通訳の予定はなくても、土壇場で入れることになるかもしれない。どこにブースを設けられるかは一応見ておくといい。

⑨　TVのカメラクルーが来る場合は台とPAの口を用意してもらう

TVクルーが来ることが分かっていたり、その可能性がある場合、会場側に三脚を乗せる台を用意してもらおう。通常は高さ15センチ程度の、雛壇に使う台を出してくれる。これを記者席の後ろに設けてそこをTVカメラ専用とする。またマイクの音声をダイレクトに取れる「PAの口」をその台の近くに出しておいてもらおう。後は各局の音声さんが自分でつないでくれる。

⑩　食事は少なめで大丈夫

会見に軽食をつけたり、その後の懇親会で立食形式の食事を出す場合がある。この時、仮に60人の出席予定者がいても60名分用意したら相当余る。会社のポリシーとして食事が足りない状況には絶対にしない、ということでもない限り、懇親会の出席予定者の7掛けもあれば十分だろう。また酒類は、昼でもビールやワインを出す場合もあるが、なくても構わない。

037 記者会見は何時に始める

　これもケース・バイ・ケースだが、ニュースを扱う以上、できるだけ早く発表するのが原則だ。

　夕刊に載る（一般紙が取り上げる）ような大きなニュースでもなければ午前11時が発表する側も取材する側にもちょうどいい時間だろう。経済記者の場合、比較的午前中の方が時間の融通がつきやすく出席してもらいやすい。しかし、よほどのニュースでなければあまり早くても敬遠される。午前中なら10時以降が無難な線だ。

　逆に夕刊に載せたくない場合や、夕刊のない日刊工業新聞などを特別配慮する場合は、午後2時以降がいい。また上場企業では、株価がストップ安になるようなネガティブなネタ（撤退や売却など）の場合、後場の引けた3時以降に発表することがある。

　しかし株主総会の終了を待って、とか、契約の調印を待って、といった特別な理由でもない限り、午後2時以降に会見を開始するのは考えものだ。記者は基本的にその日起こったニュースをその日のテレビや次の日の新聞に載せるために記事を書いている。その日の午後に起こったニュースでないなら早い時間に発表するのが筋だろう。実際、午後4時から6時といったあたりは、その日起こったニュース（飛び込み）の緊急会見がよく行なわれる時間帯でもある。

　また日刊工業新聞は他の新聞に比べ締め切り時間が早いため、夕方遅くの発表では翌日の紙面に記事を載せられないこともある。日経産業新聞にも夜9時を過ぎるようだとまず載らない。民間企業のニュースは日本経済新聞（日経産業新聞、日経MJ、日経ヴェリタスを含む）や日刊工業新聞が報じることが多いので、こういった産業紙が載せられないような時間に発表するのはなるべく避けたい。

　右頁の上の図は新聞の締め切り時間の目安とテレビのニュースの開始時刻だ。報道してもらいたい時間帯の2〜3時間前には発表を済ませよう。

II 受けの広報と記者会見

発表時間の参考例

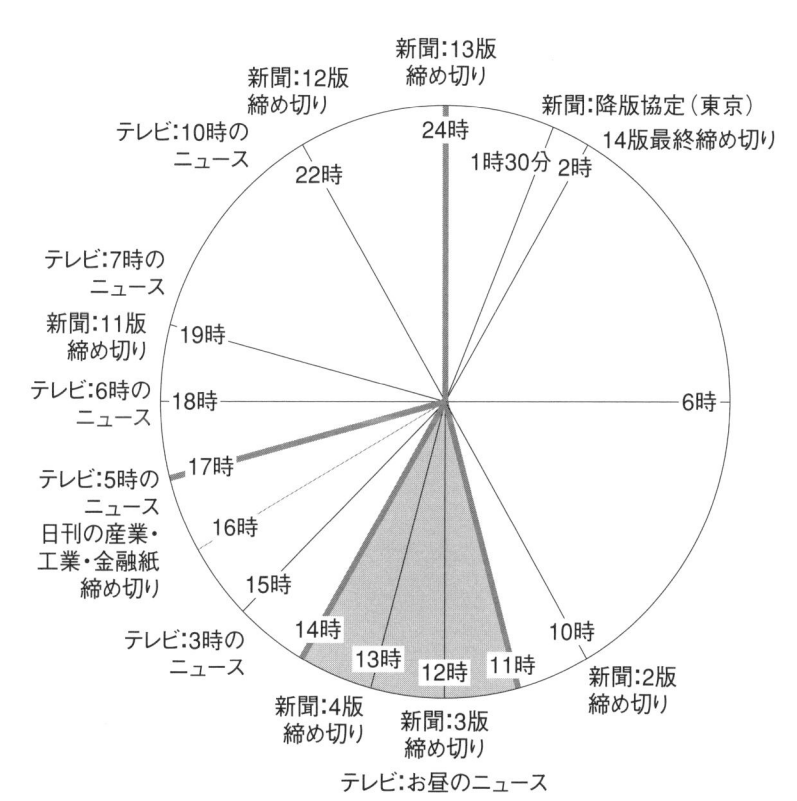

- テレビ:10時のニュース
- 新聞:12版締め切り — 22時
- 新聞:13版締め切り — 24時
- 新聞:降版協定（東京）14版最終締め切り — 1時30分〜2時
- 6時
- 新聞:2版締め切り — 10時
- 11時
- テレビ:お昼のニュース / 新聞:3版締め切り — 12時
- 新聞:4版締め切り — 13時
- 14時
- テレビ:3時のニュース — 15時
- 16時
- テレビ:5時のニュース／日刊の産業・工業・金融紙締め切り — 17時
- テレビ:6時のニュース — 18時
- テレビ:7時のニュース／新聞:11版締め切り — 19時

■=記者会見に適した時間帯

	夕刊（お昼のニュース）狙い	朝刊（夕方・夜のニュース）狙い
トップ人事 吸収合併 M&A 大型投資案件 など	11時前後	14時前後
新製品など		11〜14時前後
ネガティブなトピック	あえて夕刊のみで抑えたい場合12時頃	会見や資料配布は15〜17時

038 招待状と返信票で出欠確認をしっかりと

① **招待状（案内状）はいつ出すか**

会見日の2週間前が一般的だ。それ以上余裕を見ても、記者の方がそんなに先の予定が立たないことが多い。中にはもっと近くなってから返事をしようと思っている間に忘れてしまったり、招待状をなくしてしまったり、という人も出てくる。逆に2週間を切ってから招待状を出したのでは他に取材の予定が入っていたりと、都合がつかないケースが出てくる。実際、どうしても案内が1週間前などになってしまった場合には「もっと早く教えてくれれば」と言われることが多い。なお、招待状はFAXやメールで送ればいい。

② **招待状の内容**

いくら大事な会見で大勢の記者に出席してもらいたくても、何を発表するか長々と書き連ねては記事を書かれてしまう。A4判1枚に会見のタイトルと大まかな内容、日時、場所（分かりづらければアクセスの仕方や地図も）、発表者（氏名と肩書き）が書かれていれば十分だ。

③ **返信票をつけよう**

出欠をFAXで知らせてもらうためにFAX返信票を招待状と一緒に送ろう。返信票には、媒体名、氏名、同伴者数などを書いてもらう。

④ **返信の締め切りはいつにする**

2週間前に案内したとして、出欠の締め切りは早くて1週間前、遅くても3営業日前にしておくといい。会見のタイミングや重要度にもよるが、大抵案内状を出したその日か次の日には、最終的な出席予定者の3から4割にあたる記者が返事をくれる。その後は毎日ポツポツと戻りがあり、締め切り日には出席予定者の8割方が揃う。電話で出欠を伝えてくる記者もいるので、招待状にこちらの電話やメールアドレスを必ず入れておこう。

⑤ **出欠確認のタイミング**

欠席する記者に多いが、返事を返さない記者は結構いる。このため締め切り日を過ぎたら、電話でフォローアップすることになる。このフォローアッ

出欠リスト

	○○記者発表会				○年○月○日 12:30現在
●出席予定者		21媒体(24名)			到着順
	媒体名	会社名	氏名	備考	同行者
1	××新聞	××新聞社	○○ ○○	重工クラブ	0
2	××新聞	××新聞社	○○ ○○	重工クラブ	1
3	××新聞	××新聞社	○○ ○○	重工クラブ	0
4	××新聞	××新聞社	○○ ○○	重工クラブ	0
16	××新聞	××新聞社	○○ ○○	重工クラブ	0
17	××新聞	××新聞社	○○ ○○	重工クラブ	0
18	××新聞	××新聞社	○○ ○○	重工クラブ	0
19	××新聞	××新聞社	○○ ○○	重工クラブ	0
20	××新聞	××新聞社	○○ ○○	重工クラブ	0
21	××新聞	××新聞社	○○ ○○	重工クラブ	0

プをうるさいと嫌う記者もいるが、中には「忘れてた、連絡ありがとう」と感謝してくれる記者もいる。FAXで送りっぱなしもマナー違反と言えるので、やはり出欠の連絡がない記者には電話の一本も入れた方がいいだろう。ただし、夕方から夜にかけては取材先から帰って原稿を書いている記者が多い。確かにこの時間しかつかまらないのだが、遅くなればなるほど、締め切り直前で記者も集中したい時間となる。なるべく昼のうち、遅くとも夕方6時くらいまでに電話した方がいいだろう。

⑥ **出欠リストは毎日アップデートしチームで共有**

何人の記者が、あるいはどこのメディアが会見に来てくれるのか、関係者は気になるところだ。招待状を出した日から、返信票の戻りや電話フォローの結果を表にまとめ、その日の帰宅前にでも一度締めて、関係各所にメールやFAXで送ってあげるといい。複数の広報スタッフがいる場合、こうして出席状況を共有すれば、それぞれ関係の強い相手に手分けしてフォローアップすることも可能だ。

なお、10年ほど前には出席予定者の7掛けが出席すればいいなどと言われていたが、最近ではよほど突発的な事件でもない限り、9割から10割の記者が実際にやってくる。記者もどんどん律儀になっているということだろうか。

巻末に招待状と返信票のサンプルを収録している。

039 会見直前の準備
～プレスキットとスタッフの配置

① **テントカードは大きいものを**

登壇者（発表者）の席に置く、名前の書かれたカードを一般にテントカードという。これは透明なL字あるいは逆V字のカード立てに紙を入れて使うことが多いが、なるべく大きいものを使いたい。それでも肩書きが長すぎて、すべて入れると字が小さすぎてしまう場合は、氏名と会社名だけに省略する。

② **プレスキットは出席予定者の3～5割増を用意する**

仮に100名の出席予定者がいたら、少なくとも130部はプレスキットを用意しよう。もし20名であれば30部といった具合に、3から5割増しで用意しておくといい。ほとんどの場合出席予定者より実際の出席者数は下回るが、時として多く来たり、資料だけをもらいに来る、ということもある。多く作って余っても、欠席した記者に送ればいい。会場で慌ててコピーするような事態は避けたい。

③ **スタッフ用の簡易プレスキットを用意しておこう**

プレスキットは記者だけでなく、広報スタッフ以外の関係者も欲しがるものだ。こうした人たちのために、レターヘッドやフォルダを使わないモノクロ・コピー版を用意しておく手もある。社内関係者用も含めたらいくら作成しても足りない、数も見当がつかない、という時に便利だ。

④ **プレスキットにプレゼン資料を含めるか**

これは是非含めてほしい。それも先に渡したい。なぜなら記者がそこにメモを書き込みながら話を聞けるからだ。先の頁を見られる、頁をめくるのが気になる、といった点を嫌って先に資料を配らない会社もあるが、最終頁に見積額を書く営業のプレゼンとは違う。記者会見は記者に情報を分かりやすく、少しでも多く伝える場だ。スライドの数字を書き写すのに大忙しでスピーカーの大事なひと言を聞き漏らされては本末転倒になってしまう。

⑤ **出席者が少人数ならあらかじめ名札を用意する**

記者懇談会などで、5から15名程度の出席者であれば、あらかじめ出席予定者の氏名と社名を入れた名札を用意しておくといい。ラウンドテーブル形式の場合はテントカードを、立食パーティなら安全ピン付きのものが便利だ（クリップ式は女性記者などポケットがない場合付けづらい）。人数が多くなると準備が大変なのでその際は透明なネームフォルダに名刺を入れて代用する。しかしこれではよほど近づかないと字が読めない欠点がある。

　なお、同じ媒体からでも出席予定者と実際の出席者が違うケースが多々ある。名刺を忘れた人にも使えるので、白紙のカードとネームペンを用意して、手書きで対応できるようにしておこう。

⑥　当日のスタッフの役割分担と配置を明確にしておく

　以下は20から50名程度の記者会見を想定した役割分担と必要人数だ。受付係と誘導係は記者50名増えるごとに2名程度増やすといいだろう。

責任者（1名）：決まった役割は持たず、各スタッフへの指示や質問に対応する。会見開始前は受付周辺から動かずに、他のスタッフがすぐに見つけられるようにする。

受付係（2名）：会見開始後も受付に残り、遅れて来た記者を迎える。

誘導係（2名）：受付を済ませた記者を会場前列から座ってもらえるよう、中に誘導していく。席が埋まってきたらどこに空きがあるかをチェックし、新たにやってきた記者をそこに案内する。会見中も出入り口近くで待機し、遅れてくる記者を案内する。

マイクランナー（2名）：誘導係と兼務可。質疑応答時、MCに指名された記者にマイクを持っていく。

記録係（1名）：受付係と兼務可。質疑応答の内容を、後のレポート用に書き取る。特にどのメディアの何という記者が質問したか、またどのように回答したか、を記録する。

スイッチャー（1名）：台本どおりに照明を調節したり、ビデオの再生スイッチを押したり止めたり、といった作業を行なう。誘導係と兼務可。

カメラマン（1名）：記録撮影用に、受付からスピーチ、質疑応答、ぶら下がりまで、流れを追って撮影する。外部のプロを雇ってもいい。

040 リハーサルと テクニカル・ランスルー

① リハーサルとテクラン

リハーサルは会場の都合さえつけば前日までに会場で行なうと修正がききやすいので理想的だが、実際はスポークスパーソンも多忙なため、会見当日の本番直前に行なうケースが多い。その場合でも、スポークスパーソンのスピーチ練習の前に、スタッフレベルでテクニカル・ランスルー（テクラン）を終了しておくようにしたい。これは映像や音響、照明関連のハードやソフトを、台本どおりの進行で操作しチェックするリハーサルだ。映像が途中で切れたりマイクの音が出なかったりすると、説明を受けている方は非常に注意力がそがれる。

② スピーチの練習

スピーカーには是非、会場でもう一度スピーチ練習をしてもらおう。会場の雰囲気を掴んでおくと、本番でトチることが少なくなる。プレゼンが上手いと評判の経営者ほど、これは毎回きっちり何度も行っている。練習中広報スタッフは、マイクの音量確認のほか、時間を計って経過タイムを教えてあげたり、スピーカーの目線が会場をきちんと「の」の字に回っているか、記者席から見てあげるといい。

③ PCのバックアップを忘れずに

あるソフトウェア会社の会見ではPCやプロジェクターだけでなくビデオデッキやアンプに至るまで、すべての機器を2ないし3系統同時に動作させておいて、ひとつにトラブルが起こったときに瞬時に切り替わるようなシステムをとっていた。そこまでやらなくても、PCだけはバックアップ用にもう1台持ち込んで、メイン・サブ両方のPCを1台のプロジェクターにつないでおくと心強い。これなら突然のフリーズにも切り替えで対応できる。

プロジェクターにPCが2台つながらなくても、プロジェクターの側でサブのPCを同じように動かしておこう。そうすれば、いざという時にスタッフが手動でコードをつなぎ換えればいい。もちろんこの練習も忘れずに。

リハーサルとテクランのチェックポイント

最悪のケースを想定して機器のバックアップを考える

- 例えばPCのダウンに備えてもう1台のPCやOHPを用意する。

いざとなったらハードに頼らず"人"でバックアップを

- デモ機が故障した時などは説明者にそれなしで口頭で説明してもらおう。その心構えだけ、事前に持っていてもらうこと。
- 実際にそういった事態になったら広報担当者が介添えして資料を指し示したり、手元で次のプレゼンテーションのページをめくってあげるなどすると発表者もやりやすいし、落ち着く。

プレゼンの練習時はどこを見てあげるか

- 視線が会場をゆっくり「の」の字を描くように回っているか。
- スクリーンばかり見ていないか。
- どちらかの肩が下がったり、ポケットに手を突っ込んでいないか。
- ネクタイはまがっていないか。
- 口調は早過ぎないか(練習で遅すぎて本番で困ることはまずない)。
- 時間は適当な長さに収まっているか(長すぎる場合のサインを決めておく)。

ポーディアム(演台)に一工夫

- 手元を照らすミニライトを用意する。
- 暗くてもはっきり見えるデジタル時計を置く。
- 会社を象徴するロゴやミニチュアをあしらう。

資料を最後にもう一度確認を

- どんなに忙しくても、必ず現場で、自分でもう一度、記者に渡す資料一式を2、3抜き取って確認しよう。想定問答などが混じっていたら大変だ。

041 受付にもコツとマナーがある

① **いらっしゃいませ？　こんにちは？**
　記者を迎える時の挨拶は、「こんにちは」や「お世話様です」がいいだろう。「いらっしゃいませ」はお店のようで調子が狂うという記者は多い。

② **名刺1枚方式と2枚方式**
　少人数のラウンドテーブルだったり、会見後に懇親会がある場合などは、名札をつけてもらおう。その場合、名刺を2枚もらって1枚をクリアネームフォルダに入れて記者に渡し、残る1枚は受付用にとっておく。名札をつけてもらう必要のない場合はただ受付用に1枚もらえばいい。

③ **芳名帳も用意する**
　名刺を切らしてしまっている記者もいる。

④ **プレスキットはあらかじめ席に置いておくか**
　受付後に手渡しするやり方と、先に会場内の記者席に1部ずつ置いておく方法がある。受付後、まずバーカウンターでドリンクを受け取ってもらってから席に着く場合は、荷物になるので席に置いてあった方がいいし、ドアオープンが会見開始30分前などという場合は、10分前くらいに配って回った方がいい。なるべく前のほうから詰めて座ってもらいたい場合、意図的に初めのうちは前の方にだけプレスキットを置いておくやり方もある。

⑤ **ドアオープンのタイミング**
　会見30分前に受付開始したら、そのタイミングか遅くても15分後にはドアを開けたい。早く来た記者はそれなりにいい場所を狙っているかもしれない。中でリハーサルが押していても、なるべく会見開始の10分前には切り上げ、早く来た記者が好きな席に座れるようにしよう。

⑥ **会見開始後のドアの開閉**
　ホテルのスタッフか広報スタッフ1人を張り付けて、そっと開閉するようにしよう。広報スタッフが意味もなくちょこちょこ出入りするのは論外だ。

報道受付の一般的な配置

受付係
- 男性も女性もダークスーツが基本（業界などにもよる）。
- 会見開始15〜20分後くらいまでは立って記者を待つこと。

芳名帳（名刺を忘れた人用）

名刺受け

報道受付

プレスキット

誘導係
（記者を中に案内する人）

大型ネーム立てでサインボードを見やすい位置に

スタッフの私物やギブアウェイなどはテーブルの下など見えないところに。「整理整頓」を心がけ、受付テーブルの上にカメラや各自の資料は置かない。

何かのために持っていく「受付セット」

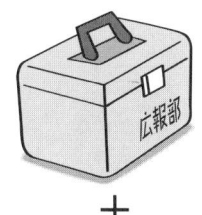

小物を入れたボックス（広報部）

＋

コピー用紙500枚（A4コピー用紙）

- クリアーネームフォルダ
- ボールペン、サインペン、シャープペン
- 修正ペン　●消しゴム
- 定規　●ホチキス　●ホチキス針
- セロハンテープ　●ガムテープ　●蛍光ペン
- ハサミ　●カッター　●のり
- ふせん各大きさのもの
- クリップ　●ゼムクリップ
- ミニライト　●（＋）（－）ドライバー
- 延長コード

042 質疑応答時 〜MCの4つの役割

　外部のプロのMC（司会）ではなく、広報がMCを担当する場合の質疑応答での主要な役割について、以下に4つ解説しよう。

① 質問の喚起

　なかなか質問が出ないのは嫌なものだ。だが焦ってはいけない。「誰か何かありませんか」と記者席を眺め回しても、いたたまれない空気に満ちるだけだ。そんな時は「今日はCEOから世界戦略、特に中国市場への投資についてお話ししましたが、このあたりについてどなたか」などと質問を促してもいい。あるいはMC自ら最初の質問をしてもいい。それでも出ないなら素直に終了を宣言しよう。

② 質問の振り分け

　記者が誰に対する質問か明言しない場合、記者に聞き返してもいいが、MCが振り分けてもいい。雛壇でスポークスパーソン同士が譲り合ったりお見合いするのはいただけない。

③ シャットアウト

　会見に関係のない場違いな質問をされた場合、「今日の発表内容には関わりのないことですので後ほど広報からお答えさせていただきます、次の質問をお願いします」とシャットして構わない。しかしこれもケース・バイ・ケースで、他の多くの記者も今日は会見テーマよりもそれを聞きに来た、という場合がある。そういう注意を要する案件があれば、想定問答を用意しておき、それに則ってスポークスパーソンに答えてもらえばいいのだ。

④ 時間管理

　まだ質問したい記者が大勢いるのに答えが延々と続き質問が消化しきれない状況もある。そんな時は、MCがスタッフに指示を出し、回答者にメモを入れるなどして切り上げてもらおう。逆に記者の質問も「申し訳ありませんが、会場の都合により後ひとつふたつとさせていただきます」などと制限し、あまり長く時間オーバーしないように努めるのもMCの役割だ。

質疑応答 本番でのポイント

"お願い事項"を質疑応答に先立って説明する

- 挙手を求め、MCが指名し、マイクを届けてから質問してもらう。
- その際はまず社名(媒体名)と名前を名乗ってもらう。
- 発表者(社)が複数の場合、誰への質問か言ってもらう。
- 質問者が多いことが予想される場合、質問は一度にひとつかふたつまで、と先に断る。
- 質問が出なくても辛抱してしばらく(最低1分)は待つ。
- 沈黙に耐えがたい雰囲気の場合、MCが今日の発表を振り返ってもよい。

バランスよく当てる

- 基本的に早く手が挙がった人を指す。
- ほぼ同時に複数の手が挙がるようなら、右奥→左手前→中央→左奥→右手前など、ブロックを心の中で決めてバランスよく指す。
- 他のスタッフは、ずっと手を挙げているのになかなか指されない記者をみつけて、会場の一番後ろから手で合図する。
- そのためにもMCは記者だけでなくスタッフにも目を配る。

マイクを持っていくエリアの担当を決める

- マイクランナーはそれぞれ受け持つエリアを決めておく。
- 会場が広くワイヤレスマイクの数も限られている場合、MCのすぐ前の記者を指した際には、MCが自分のマイクを渡してもいい。

指名後、マイクが届くまでその記者を見ている

- MCが指名した記者の周りに、他にも手を挙げていた人がいたかも知れないし、マイクランナーの位置から誰が指されたか見えにくい場合もある。この場合、指した記者をMCがずっと見ていれば、マイクランナーはその視線をたどれば誰にマイクを届けるかすぐに分かる。
- つまりマイクランナーは会場の記者を見ているのでなく、MCを見て動くこと。

コラム2

ブランディングと広報

「ブランドとは、ある製品、サービス、企業に対して人が直感的に感じるもの」（マーティ・ニューマイヤー著、宇佐美清監訳『ブランドギャップ』トランスワールドジャパン）

「ブランドは顧客の頭の中にできあがる深い"皺"である」（片平秀貴＋森摂著『ブランドのDNA～ブランド戦略9つのウソとホント』日経BP社）

皆さんの会社には、確固としたブランド力がありますか？　もしあるなら、その維持やさらなる向上が、もしないのであれば、その育成が必要とされています。「いや、ウチは小さな会社だし、消費者相手じゃないし、ブランドなんて必要ない」という経営者もいるでしょう。しかし、ブランドというものは、本人（その会社）が意識しようがしまいが、顧客や消費者が、勝手に頭の中で作り上げてしまうものなのです。強いブランド力があれば、多くの人が共通して「好き」とか「格好いい」などと直感的に感じたり、「高品質」「高級」といった良いイメージを浮かべることでしょう。ですから、ブランドはそれを必要とするか否かではなく、人にどう思われているか、という問題なのです。よく思われたいか、悪く思われたいか、何とも思われたくないか、と問われれば、当然答えは一つでしょう。

ブランドを維持向上させたり、ターゲットの頭の中に形成していくことをブランディングと言います。頭の中に形成していく、というのはブランドは、自分で勝手に作り上げたものを人にそのまま認識させることができ

COLUMN 2

ないからです。いくら高性能で高品質で格好いいと宣伝しても、それがその製品ブランドとならないところがブランディングの難しさです。

　ブランディングと広報は、本質的には一緒のものだと考えます。ターゲットによいイメージを持ってもらい、ファンになってもらう。目指しているところは同じだからです。ですから、企業がブランディングに取り組む際には、広報も密接に関わるべきです。広報が企業ブランドをしっかりと意識すれば、その「企業らしさ」がマスコミ対応やホームページ、ソーシャルメディアなどに反映されるはずです。そうなれば、ターゲットの頭の中に望ましい好イメージを形成させやすくなるでしょう。また、ブランディングは一部署だけで完遂できるものではありません。製品やサービスの品質だったり、経営者や窓口担当者の人あたりだったり、顧客がその企業に触れる、あらゆる接点が複合して、好イメージを形作っていくのです。そのため、社内のすべての人に、当社は顧客にこういったイメージを持ってもらいたい、あるいはこれが我々のブランドだ、という共通認識を持って仕事をしてもらうことが重要です。社内広報抜きに、こうした共通認識を持たせることは不可能です。

III

攻めの対外広報を実現する

広報100のテクニック
043-067

ここからはいよいよ、攻めの対外広報に入ろう。もっとも、この章で解説するテクニックやコツは、あくまで自己流のアプローチを考える際のヒントと捉えてほしい。ここまで広報の基本中の基本や、社内調整のための資料の作り方、「受け」の広報などを、サンプルや事例を通して見てきた。あとはそれらをベースに、どんどん思った通りに行動してみてほしい。広報にこうしなければばらない、という定石や規則などない。広報の魅力は決まった型がなく、何でもできることだ。斬新なアイディアと軽いフットワーク、そして人から信用される誠実さがあれば、その自己流アプローチはきっと成功するだろう。

043 攻めるパブリシティ
～記事はこうして獲得する

　商品であれサービスであれ、会社の人事制度であれ、何かネタを記者に提供して記事にしてもらうことをパブリシティ、あるいは短縮してパブという。ここでパブ獲得までの流れを整理しよう。

① ネタに関する情報収集

　ネタはニュースでなければならない。新しいもの、今まさに起こっていること、誰も知らなかったこと、などで、ある特定の人が関心を持つもの、それがニュースだ。まずはそのネタがどれほどのニュースなのか、具体的に証明するデータや専門家の証言などを揃えよう。

② ターゲットの特定

　そのネタに誰が関心を持つかをつきとめよう。日本全国津々浦々、老若男女にうけるネタなどまずない。例えば海外旅行が好きな50歳前後の女性など、できるだけピンポイントにターゲットを絞ってみる。これはマーケティングや開発、営業などの担当者と協議するとよりクリアになることが多い。

③ ターゲットメディアおよび記者（編集者）の特定

　ターゲットが決まったらそのターゲットがよく見ているメディアを探そう。それをよく研究して、特定のコーナーを狙うのか、特集でも行けそうか、自分のネタがどのように使ってもらえるかをイメージしよう（次の044項参照）。

④ 情報提供

　いよいよ記者にアプローチする段階だ。ここまでの準備次第で、どれだけ記者（編集者）と近い目線で話せるかが決まる。読者（視聴者）にどう受けるか、そのメディアでどう使ってもらったら効果的かを、相手のプロフェッショナリズムを尊重しながら伝えよう。

⑤ フォローアップ

　情報提供してから記事が出るまでの間に、記者から別の角度の情報がないか、こういったデータは出せないか、などと求められることがある。逆に求められなくても、役立ちそうな情報があれば、積極的に提供したい。

Ⅲ 攻めの対外広報を実現する

パブリシティを獲得するまでのフロー

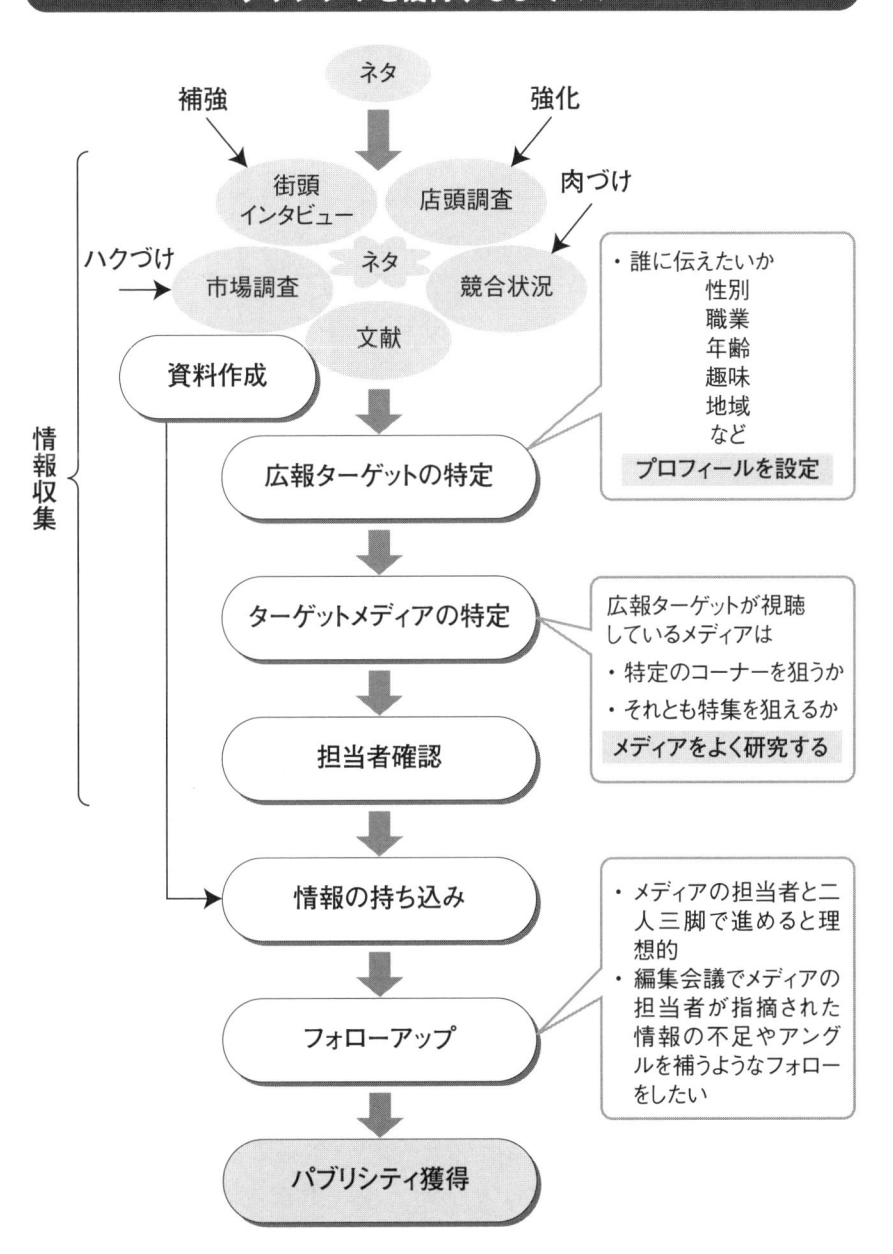

```
              ネタ
   補強    ↓     強化
     ↘         ↙
    街頭       店頭調査   ← 肉づけ
  インタビュー
ハクづけ    ネタ
  → 市場調査      競合状況
         文献
```

- 誰に伝えたいか
  - 性別
  - 職業
  - 年齢
  - 趣味
  - 地域
  - など

プロフィールを設定

情報収集：
- 資料作成
- 広報ターゲットの特定
- ターゲットメディアの特定
- 担当者確認

広報ターゲットが視聴しているメディアは
- 特定のコーナーを狙うか
- それとも特集を狙えるか

メディアをよく研究する

↓
情報の持ち込み
↓
フォローアップ
↓
パブリシティ獲得

- メディアの担当者と二人三脚で進めると理想的
- 編集会議でメディアの担当者が指摘された情報の不足やアングルを補うようなフォローをしたい

115

044 ターゲットとなるメディアと記者の見つけ方

① ターゲットメディアの特定

　自分の持っているネタのターゲット層が購読・視聴しているメディアを選ぶには、ひとつには広告を見ることだ。特に雑誌の場合、表紙をめくってすぐの見開き頁は通常一番高く、この広告を見ればそのメディアがどんな属性のターゲットを持っているのかがよく分かるはずだ。もちろんメディアの広告局に電話して媒体資料を請求すれば、そういったターゲット情報が詳しく書かれたものをFAXしてくれるし、ウェブも参考になる。

　ある程度目星を付けたら『月刊メディア・データ』や『雑誌新聞総かたろぐ』といった書籍で発行部数を調べたり、実際にターゲットに属する人を探して、そのメディアについて聞いてみてもいい。クリッピング会社にキーワードを指定して検索を依頼するのも手だ。どのメディアにどういった形で似たようなネタが出ているかが分かる。

② どのコーナー？　あるいは特集？　担当者を探せ

　メディアを絞り込んだら、次はそのメディアのどこで紹介してもらうかだ。自分の持っている情報が載りそうなコーナーはあるか、あるいは特集として扱ってもらえそうか、メディアをよく研究しよう。特集の場合、自分のネタだけでは足りないだろうから、競合製品や関連するサービスなど、広がりを持った情報提供が必要になる。

　コーナーには、たいてい担当者がいる。新しいネタに困っている担当者も少なくないので、そのコーナーにぴったりなネタだと非常に喜ばれることがある。自分のターゲットとメディア（コーナー）のターゲットが一致していることをきちんと伝えれば、きっと担当者は興味を持ってくれるだろう。

　なお、雑誌やテレビの新商品紹介やプレゼントのコーナーは、記事に見えて実は広告出稿している企業に対するサービスであることが多い。ここの頁では穴でも空かない限りパブは入らない。記事体広告は「PR」や「PRの頁」などと必ず頁の隅に断りが入るが、こういったサービスの頁には入らな

い。編集部に聞いてみよう。

ターゲットメディアの特定

> まずは書店へ。関係ありそうな雑誌をかたっぱしからパラパラとめくっていく。表2（表紙裏）の見開き広告はその雑誌のターゲットを知る上で手がかりになる

> 紙面・誌面・番組を過去数回分さかのぼってよく研究すること

- 新聞のストックがなければ図書館か縮刷版で
- 雑誌なら各出版社の販売部や大手書店にバックナンバーの問い合わせを
- それでもないなら大宅壮一文庫へ
- 番組ならコストがかかるがモニター会社に依頼

> 各新聞・雑誌の広告局ウェブサイトも活用しよう

（媒体名）　広告局　　[検索]

で、ネット検索

⬇

媒体資料（プロフィール）をチェック

- 発行部数、発行形態
- 読者に関する調査データ
- よく読まれているエリア
- 読者プロフィール
    - 男女比、年齢層、職業（役職）、居住地域…
    - 平均年収や保有資産などを公開している媒体も

045 歳時モノや季節モノ、セレブリティをからめて露出アップ

とにかく会社名の認知度を上げたいとか、会社のロゴを知ってもらいたい、といった目的なら、企業名やロゴの露出を第一に考えたパブリシティ・イベントを打とう。しかしイベントのパブリシティというのはなかなか難しい。なぜならイベントの場合、それが実施されている最中か直後でなければニュース性が低いからだ。月刊誌で3ヵ月も前に終わったイベントの記事を読んでもあまり興味は湧かないだろう。となるとテレビや新聞といった速報メディアがターゲットになる。しかしテレビや新聞は一民間企業のカラーの強いイベントはあまり紹介しないものだ。そのため企業色を抑えてニュース・フックを加えると取り上げてもらいやすくなる。ここでは3つほど、露出されやすいイベントの企画ヒントを紹介しよう。

① 歳時モノやその時期ならではの行事に引っかけて季節感を演出

春なら花見・引越・卒業式・入学式などに関連した、季節感のあるイベントは取り上げてもらいやすい。たばこのブランドが表参道でイルミネーションをやったり、デパートがお受験用の親子服コーナーを開設したり、そういった「今」を切り取ることができるイベントは観る人を引きつけるしメディアにも受けがいい。

② セレブリティの起用

イベントの審査員やイメージキャラクターに著名人を起用する方法。謝礼とスケジュール調整がネックとなるが、話題の人を起用できればテレビやスポーツ新聞などが取材に来てくれる可能性が高くなる。イベント自体も記事になるよう、イベントテーマや主催企業のイメージに合う人選をしたい。

③ お天気バックという最後の手段

イベントの時間帯がニュースバラエティ番組と合えば、生放送のお天気コーナーでちらっと企業ロゴも一緒に紹介してもらえることもある。一瞬でどれだけ楽しいインパクトのある映像を見せられるかがポイントだ。歳時モノやセレブリティ活用との組み合わせならなおいいだろう。

イベント・パブリシティの露出

季節のキーワードをからめる

冬
- 雪解け
- バレンタイン
- お正月　受験本番
- クリスマス　スキー・スノボ
- 年賀状　カウントダウン
- お歳暮　大掃除　海外旅行
- 第九　餅　あたたかいもの
- 初雪　イルミネーション　風邪

春
- ひな祭り
- ホワイトデー
- 卒入学式　新入生
- 引越し　花見　子どもの日
- 新生活　ゴールデンウィーク
- 5月病　運動会　UVケア
- 水着選び　ダイエット　母の日

秋
- ハロウィン　芋掘り　紅葉狩り
- 日本シリーズ　敬老　勤労
- バーゲン　運動会　七草
- 行楽　秋の味覚
- スポーツ　台風
- 温泉　防災

夏
- ビーチ　父の日　梅雨・湿気
- 海外旅行　キャンプ・登山
- 丑の日　プール　七夕
- 避暑　お中元　終戦・平和
- 虫　冷たいもの
- 離島　夏休み・宿題
- 野外イベント
- 花火

セレブリティをからめる

子供たちや動物をからめる

楽しくて、インパクトがあって、動きがあり、一瞬〜30秒程度で終わるものを、TVニュースの時間に合わせて用意する

（例）廃品利用した人力飛行機の飛行
　　　ペットと飼い主のファッションショー、など

046 トレンドをまとめて持ち込む 傾向記事パブリシティ

　手持ちのネタを単独ではなく、これから流行りそうな兆しがあるものや、今まさに流行っているものと抱き合わせてパブリシティする方法がある。
　アジア発の新しいデザートXを売りにする店Aを例に、ポイントを解説しよう。

① 似たようなものを集めてトレンド化する

　まずA店のXというデザートと同種の、これから流行りそうなデザートを探そう。そして「まだまだ知られていないアジアン・デザートが食べられるレストランは意外とある。新宿のBや代官山C、六本木のDなどが人気。なかでも渋谷のAではX目当ての、若い女性が会社帰りに行列を作っている」といったトレンドに仕立てる。ライバル商品があっても隠してはダメだ。それよりXが目立つように記事を書いてもらえばいいのである。

② その裏にある理由や背景を掘り下げる

　どうして今若い女性にアジアのデザートが人気なのか、調べて深みを出そう。特にこれといった理由がなさそうなら、余計人気が出そうな仮説を立てて、それをバックアップしてくれるデータを揃える。ヘルシーだから受けていそうなら、大学栄養学部の先生にどれだけ健康的かコメントをもらう。
　アジア旅行が今ブームなら、航空会社発表のアジア向け旅客数のデータや旅行代理店の企画担当者のコメントなどが使えそうだ。有名人にデザートXのファンがいればそれも理由に加えてもいいかもしれない。これらサポートデータは視覚化できるものを揃えるといい。テレビにも使えるからだ。なお、これらを一から十まですべて自分で用意する必要はない。あらかたどういったコメントなりデータが取れるか確認だけしておいて資料にすればいい。
　こうなると、A店のXというデザートの広報をしているようには見えないが、実はこういった傾向記事の方が、出た後の反響は大きいのだ。記事自体も当然大きくなるから目に付きやすいし、第一、宣伝臭くないから本当に食べてみたくなる。記者の方もここまでパッケージ化された情報をもらった

ら、取り上げる数種類の新デザートの中でも A 店の X を長めに書いたり、写真を大きくしたりと、少しくらいは配慮してくれるだろう。

傾向（トレンド）パブリシティのアイディア例

同種のものを集める

- 大人がはまる　この秋スタートの新作アニメ
- "温かいのがはまる" 本来冷たいはずの食べ物たち
- 真夏の夜に観る怖い映画ベスト50ランキング
- 凄いことになってきた食品玩具コレクション
- 新書　老舗と新規参入組の壮絶バトル　など

キーワードで揃える

- これが究極のオーガニック（ラーメンから住宅まで）
- じわり人気　世界各地の先住民族による伝統工芸品
- 環境ホルモン物質フリー商品　発売ラッシュ
- 今年発売グッズ〜100年残したい新・定番候補
- 地方発で全国大ヒット　など

場所でくくる

- 茅場町に住む
- 日本全国　特区を行く
- 新作映画のロケ地に行こう
- 裏横浜　若手デザイナー系バー探訪
- まだまだ変わる六本木　最新スポット・老舗対決

047 これぞ醍醐味、社会の役に立つ啓蒙パブリシティ

　困っている人を助けるために何かを啓蒙するパブリシティ活動がある。そもそも広報の根幹には、世の役に立つ、社会的に正しいことをする、ということがあるから、困っている人の役に立つ情報を啓蒙活動のように発信していくことに、広報担当者はことさらやり甲斐を感じるし、それこそ広報の醍醐味だという人もいる。

　あるメーカーは「尿もれ」に使用する専用パッドの存在を、もっと社会的に認知させたいと思っている。「尿もれ対処のひとつとして専用のパッドを使おう」というパブリシティを獲得するにはどうしたらいいのだろう。以下に４つのポイントを解説しよう。

① **ターゲットの特定**
　40歳以上の女性の３人に１人は尿もれで悩んでいる。ならばこの人たちが接するメディア、新聞の家庭面や婦人向け雑誌などがターゲットになる。

② **正しい情報提供**
　尿もれで悩んでいる人の属性を示すデータや、尿もれが起こるメカニズム、医者にかかることも含めた対処方法など、正しい情報を詳しく揃えよう。

③ **第三者の証言**
　こういったパブリシティでは特に、医師やユーザーなど、メーカー以外の第三者のコメントが重要だ。そういったメディアに紹介できる「証人」を用意する。

④ **商品あるいはサービスのアピール**
　企業が人と時間とお金をかけて開発した商品だ。当然アピールすべきポイント、つまり尿もれに悩む人が「ぜひほしい」「こういうものを待っていた」と膝を打つ特長を持っている。それは困っている人たちにとってはぜひ知りたい情報だ。社会的な意義を感じ気負いすぎるとこの部分のアピールが弱くなるきらいがある。遠慮なく堂々と訴えかけよう。

　こういった啓蒙的な意味合いを持つニュースを取り上げる際、記者やメ

ディアによっては、民間企業の商品について詳しく触れようとしない場合がある。しかし優れた機能を持った商品が市場にある以上、メディアも宣伝になることばかり気にせず、しっかりと伝えるべきだろう。

啓蒙パブリシティのポイント

- 商品・サービスの紹介は二の次に、でも忘れずに

- 困っている人の生の声を紹介する

- 専門家の意見を取り入れる

- 今考えられる限りの解決方法を示す

- 記事を見た人のために連絡先も含める

048 社内にエキスパートがいれば寄稿という手もある

　新聞でも雑誌でも、すべての紙面が専属の記者やライターによって書かれていることはあまりなく、コーナーを外部の書き手に依頼していたり、頁や特集ごと、編集プロダクションに外注していたりする。学者や企業内の専門家に、ある専門テーマで執筆を依頼することも多い。

　つまり、こちらが売り込みたいテーマとメディアの関心が合えば、社内の専門家を執筆者としてメディアに売り込むことも可能なのだ。

　あるビジネス・コンサルティング会社は、経理や人事といった業務部門を丸ごと会社から切り離し、専門機能を持った競争力のある会社として独立させるノウハウを持っていた。そこで、『週刊東洋経済』の経営革新をテーマとするコーナーに企画を持ちかけたところ、そのコンサルティング会社の専門家がアウトソーシングに関する連載記事を執筆することになった。

　もう少しソフトな例を挙げよう。日本経済新聞の火曜日夕刊には、日本で活躍する外資系企業の外国人トップが輪番で書いているコラムがある。日本人同士では気づかないような異文化体験や、会社でのちょっとした苦労話などが主な内容だが、そこに連載しているトップはいろいろなところで会う人にその話題を持ち出されるという。企業の知名度アップだけでなくトップ自身の広報活動にも役立っているようだ。これも一種の寄稿である。

　また、医薬や化学、ITなど専門分野に特化した業界誌にも、寄稿頁が毎号のようにあるが、そういった寄稿形式の記事は、顔写真や略歴が入っていたり、最低でも執筆者の名前や肩書きが「かっこ付き」で入るので、見つけることは難しくないだろう。ターゲットと重なるメディアに寄稿頁を見つけたら、過去数回分（連載モノであれば数テーマ分）を読み返して、傾向を探ろう。そこで語られているテーマの多くはまだ誰も知らない最先端のものではなく、陳腐化も始まっていない、食材で言えば旬のはしりのようなものだろう。身近なテーマでかつ目新しいと、記者や編集者に好まれる。

寄稿パブリシティ

記事（コラム）を社内の人に書いてもらう

（テーマ例）
- 事例紹介
- 市場動向
- 新しい経営手法
- マーケット観測
- 業界やシステムの解説　など

↓

そのメリット

自社の専門（得意）分野を強烈にアピールできる

メディアとのリレーションが構築される

セミナーやカンファレンスにも発展できる

但し、寄稿するとヘッドハントを受けやすいという声もあり

049 顧客を立てて一歩引く
～ケーススタディ・パブリシティ

　ビジネスの形態がＢ２Ｂ（企業間取引）であれＢ２Ｃ（小売）であれ、自社製品の利点ばかりを並べたてたところで、どれだけの意味があるだろうか。日用品なら商品名を連呼する広告効果もあるだろうが、実際使ってみないと分からない商品などの場合、一方的な押し売りでは人は動かされない。そこでパブリシティの有用性がクローズアップされるのだ。記事は広告と違い、中立的なマスメディアがその商品の良さを裏書きしてくれるので、見ている人の信用も得やすく、購買にもつながりやすい。

　広告でも、ユーザーにその商品の良さを語ってもらう「テスティモニアル（証言）」を使った手法や、導入顧客の事例を紹介する「ケーススタディ」というものがある。自分で「良い、良い」と主張するだけでなく、ユーザーが顔を見せて、「良い」と支持を表明してくれるから、効果的なのだ。

　これを、もともと信用度の高いパブリシティつまり記事でやろうというのが、ケーススタディ・パブリシティだ。

　ある米国の国際貨物輸送会社が日本のトップクラスの総合電気メーカーに物流のパートナーとして採用された。扱う貨物量は米国向けのごく一部であるが、その部分では目覚ましい効果をあげていた。そこで全国紙の記者にこのケーススタディを持ちかけ、ユーザー企業である電気メーカーを取材してもらったところ「総合電気メーカーが米向け納期を半減、米輸送会社と協力」という記事となった。この記事は各方面からの反響が大きく、電気メーカーには社内外から問い合わせや取材依頼が舞い込み、輸送会社には他企業からの引き合いが多数あった。記事自体は見出し４段程度で15段の全面広告と比べれば小さいが、その効果は全面を使って商品説明に費やした場合よりも大きかったはずである。

　こういったケーススタディやテスティモニアルを使ったパブリシティのポイントは、記者に、自社よりもユーザー（顧客）を注目してもらうよう心がけることだ。できるだけユーザー側を詳しく取材してもらい、自社のことは

III 攻めの対外広報を実現する

記事の最後の方に一言、その商品なりサービスの提供元として入る、といった程度を狙うと上手くいくだろう。

ケーススタディ（B2B事例）パブリシティのフロー

- 営業とミーティングし社内でネタを発掘
- 事例（顧客）の特定
- 営業から顧客（営業先）に打診してもらい内諾を得る
- 事例を紹介する資料を作成し顧客の担当者にも見てもらう
- 社内用プロポーザルを作成、承認を得る
- 顧客（特に広報）に正式に取材協力を依頼
- 顧客と打ち合わせ（ネタの持ち込み先メディアの決定）
- メディア（記者）に打診し、取材を持ちかける
- 記者と事前打ち合わせ（こちらサイドの説明をここで行なう）
- 記者に顧客サイドを取材してもらう（こちらも営業と広報が立ち会う）
- 必要に応じ記者と顧客をフォローアップ

050 地方でのパブリシティは効果絶大

　もしも発表案件が名古屋、大阪、神戸、福岡など地方都市に関係するものだったら、迷わずその土地に出向いて発表しよう。

　例えば、前出の米国系国際貨物輸送会社が名古屋に新しく貨物の集配網を構築した際、名古屋経済記者クラブで資料配布による発表を行った。結果は地場で圧倒的に強い中日新聞をはじめ、日本経済新聞や朝日新聞、読売新聞といった全国紙の名古屋版に記事が掲載された他、他都市での今後の展開も含めたことで、時事通信と共同通信にも記事を全国配信してもらった。これだけの記事を獲得できたのは、ひとえにその土地で発表したからだ。

　方法論としてはわざわざ出向かず郵送やFAXでもいいかもしれない。しかし、広報担当者が直接その地に行って、記者に説明し質問を受け答えするというプロセスがあれば、より掲載されやすいし、第一記事に間違いが出にくくなる。広報担当者としては正確に記事を書いてもらうことが掲載数と同様に大事なのは言うまでもない。

　普段なじみのない地方の記者の場合は特に、紙に書かれたリリースだけでは思わぬ誤解が生じ、誤った内容の記事になってしまうことがないとは言えない。その場で「あ、それはこういう意味ですよ」といってあげれば済むことも多いのだ。

　また、わざわざ地方紙に載せなくても、全国紙に載せれば早いし楽じゃないかと思われる人もいるかもしれない。全国紙に載る記事はあくまで全国に関係する記事であって、この例のようなネタはなかなか全国紙には載らない。

　全国紙を購読している人も、全国版の経済面に載っているニュースと地方面に載っているニュースを読み分けている。その地方に関係するニュースは地方面に載っていてもしっかり読まれるだろうし、影響力だってある。

　東京や大阪に会社があると、どうしても大メディアが集まる自社周辺を中心に考えがちだが、広報活動の基本は対象に迫っていくことだ。ターゲットが地方にいるなら地方に行く。それも基本だろう。

地方でのパブリシティ（産業ニュース）のポイント

その地域を意識したニュースづくりを

- リリースや想定質問には特に「この地域の現状と今後をどう見ているか」という点を含める。

その地域で強いメディアを探す

- 販売部数や発行部数だけでなく、経営者やビジネスマン、主婦などのターゲットが購読・視聴するメディアを探す。

市や県の経済記者クラブなどを活用する

- その地域の経済ニュースはクラブに入っている記者が書くことが多い。基本は記者のいるところで発表することだ。

ミニ会見になることを覚悟しておく

- ただ資料を持っていくつもりが隣の会見室に座らされ一人で記者会見をすることになったり、会見までいかなくても幹事の一声で記者に囲まれて説明することも多い。心の準備をしておこう。

発表後は支店や営業所に留まるか、携帯がつながるように

- 発表するだけしてさっさと帰ってしまい、その日連絡が取れない、というのはまずい。できればその地に留まり、リリースにもその連絡先を書いておくこと。
- 昼間発表時に記者が少なかったら、きっと記者は夕方以降にクラブに集まるだろう。そこを狙って再度、クラブに説明に行くくらいの時間的余裕を持ちたい。
- 携帯電話が常に入るようにしておくか、広報代理店に代わりに対応させるという手もある。

051 記事の著作権
～コピーやFAX、抜き刷り、翻訳の話

　自社に関する良い記事を獲得したら、その記事を多くの人に読んでもらいたくなるだろう。各支店宛にFAXを流したり、コピーして挨拶代わりに新しい見込み客に渡したりすることがあるはずだ。しかし、許可なく複製（含むFAX）は、著作権の侵害で違法となる。

　日本新聞協会では「新聞著作権に関する日本新聞協会編集委員会の見解」（以下、この見解）を1978（昭和53）年5月に発表し、現在も同協会のウェブサイトに掲載している。この見解では、個人またはごく少数のグループが私的に研究したり、情報の素材として利用する場合を除き、新聞記事や報道写真を勝手にコピーまたは引用してはならない、としている。

　これに基づき、同協会の加盟社でもある大手の全国紙各社は一様に、記事のコピーについては使用許可申請を受け付けて承認した場合に限り、一定の使用料によって複製を許可する、という対応をとっている。すべて確認したわけではないが、恐らく大多数の報道機関や出版社が同様の措置をとっているだろう。

　つまり、営利目的でも使用料さえ払えば原則的に記事をコピーしたり、抜き刷りを作成することは可能だ。各社窓口となる部署があるので、代表に電話をしてつないでもらおう。使用料金は個別の記事ごとに決まるケースが一般的だ。目安としては、「記事の大きさにかかわらず3000部コピーした場合3000～5000円」（日本経済新聞）だという。

　さて、著作権のある記事を勝手に翻訳していいものだろうか。また翻訳したその成果物は誰のものなのか。実はこれについてもコピーと全く同様で、許可と料金の支払いが必要だ。定期的に翻訳が発生する場合、「毎月何本くらいの翻訳をするかといったベースを設けて契約関係を結ぶこともできる」（同）という。

　各企業側もコンプライアンスの一環として、一度各報道機関に問い合わせ、違法行為がないかチェックした方がいいだろう。

III 攻めの対外広報を実現する

記事と著作権

新聞や雑誌の記事には著作権がある

記事を勝手にコピーする
記事をFAXする
記事を翻訳する

↓

勝手にやるとすべて著作権法違反

↓

コンプライアンス（法の遵守）上　問題

↓

各社の窓口（代表からつないでもらえる）に相談を

参考　日本新聞協会の見解

著作権以外にも、新聞倫理綱領、記者クラブ、誘拐事件の報道、集団的過熱取材、航空取材、緊急通行車両の扱い、地震の予知情報の扱い、法廷内カメラ取材、選挙報道、外電予定稿の扱い、などについても見解をまとめて掲載している。

052 募集モノは広報イベントの常套手段

　写真コンテストやエッセイコンテスト、モニターキャンペーンなど、何かを公募するイベントは広報活動の一環としてよくなされている。『月刊公募ガイド』などの雑誌をめくれば様々なジャンルで企業が募集モノのイベントを主催しているのが分かるだろう。テーマによっては自社のイメージアップや社会貢献にもつながるので、広報担当者にもこれが好きな人は多い。

　募集モノを実施する利点は２つある。ひとつは募集告知と結果発表という２度のパブリシティ機会があることだ。募集告知は新聞や雑誌などの「お知らせ」コーナーや「情報」コーナーなどに、「Ｅ生命フォトコンテスト開催」といった記事を載せるものだ。これによって普段なかなか載らない地方紙や趣味の雑誌などに記事を載せてもらうことができる。結果発表ではセレブリティなどメディア受けする審査員を起用して、授賞式そのものをテレビや新聞で露出を図る。

　募集モノのもうひとつの利点は、営業活動にも貢献する点だ。募集告知のポスターやチラシ、応募用紙を作れば、お客さんのところに出向く口実となって営業マンに喜ばれる。また協賛や後援を他業種の会社に依頼することで、会社同士、トップ同士の交流も生まれ、そこからビジネスを拡大した例もある。

　一例をあげよう。Ｅ生命は「強い生命保険会社」というキーワードを持っていた。また介護保険を新規開発し売り出したこともあって、事業上のターゲットを熟年層以上に当てていた。そこで広報スタッフが考えたイベントは、熟年層を対象にしたフォトコンテストだった。そして作品の募集テーマを「強さ」に設定したのである。結果、初めてのコンテスト実施にもかかわらず予想をはるかに上回る作品を集め、しかも「熟年対象」「強さ」という２つのキーワードを含んだパブリシティを多数獲得し、当初の目標であった「熟年層に強い生命保険会社」という認知向上に貢献した。

募集モノのパブリシティ

募集モノイベントの実施メリット

- 文化・芸術活動の発表機会を創出し評価することは、ひいてはメセナや社会貢献となる
- イベントとしては比較的低コストで実施可能
- 募集開始、結果発表（授賞式）など複数回の露出機会
- 後援や協賛などを他社に依頼すれば、会社やトップ同士の関係構築にも展開可能

基本的な募集モノイベント

（文芸）	論文、エッセイ、俳句、和歌、川柳、詩、小説　など
（フォト・ビデオ）	写真、ホームビデオ、短編映画　など
（ネーミング・標語）	商品ネーム、愛称、安全標語　など
（アート）	絵画、マスコットキャラクター、造作物　など

表彰式をもうひと工夫で露出アップ

- セレブリティを審査員に起用しトークショーも併催
- 街頭イベントを組み合わせる
- 決勝戦（最終選考）を公開方式にする

053 発表日時を選ぶコツ
〜いつが一番効果的？

① 原則はすぐ発表

ニュースは時間とともに風化する。その事実が確定したら原則すぐに発表したい。どこからか漏れ（実際よく漏れる）、思わぬ形で報道されたり、対応が後手に回ることにもなりかねない。また上場企業の場合、情報の内容にもよるが、漏洩した情報をもとに株の売買が成立した場合、インサイダー取引とされるリスクもある（インサイダー取引については日本証券業協会のホームページに分かりやすいパンフレットがあるので参照されたい）。

② 曜日による大きな差はない

読売新聞発表の朝刊閲読率は週の平均87.8％に対し土曜日86.6％、日曜日88.4％で、週末も平日と同じように新聞が読まれている。日本経済新聞の閲読時間調査によれば、週平均28.1分に対し土曜日30.9分、日曜日30.6分で週末の方がじっくり読まれている。発表タイミングの最速が金曜ならあえて翌月曜に回す必要はないだろう。もっとも日経産業新聞や日刊工業新聞など産業紙は土日祝日が休刊だ。これらをターゲットにする場合、金曜は避けよう。

③ 週刊誌の締め切りを考慮すると

ビジネス週刊誌はストレートニュースを扱う誌面がなくなりつつあり、純粋にニュースのパブリシティを狙うのは難しいが、何か記事を載せてもらいたい場合、週の後半の発表だと、翌々週の号のニュースとなってさらに掲載されにくい。月曜発売のビジネス誌で、発表日以降の次の発売号を狙うなら、その号発売の前週の火曜か、遅くとも水曜の午前中までには情報提供を済ませよう。

④ 新聞の最終締め切りは

朝刊・夕刊の最終版の降版時間は降版協定（ある時間以降のニュースは突っ込んではならないというルール）で地域ごとにいつか決まっている。東京の朝刊の場合、通常は午前1時半だ。もっともこの時間の1時間前であっても、よほどのニュースでなければ突っ込まれない。朝刊を11版から普通に

狙うのなら締め切り時間は各社それぞれ違うが大体午後6〜7時となる。その2〜3時間前までには発表しておこう。

発表日時を選ぶコツ

- 大原則は「事実が発生したらとにかく早く」
- 1ヵ月のうちでは月の前半を狙う
- 1週間のうちでは週の前半を狙う
- 1日のうちでは午前中から昼過ぎを狙う

新聞の締め切り時間の目安

- 新聞の締め切り時刻は、各社トップシークレットだ。ここでは特定の社ではなく「東京の全国紙」の目安を紹介する。
- 締め切り時刻は「大きいネタで、確かな（裏が取れた）情報を突っ込むギリギリの時刻」と理解しよう。
- 情報提供はとにかく早めに、が原則だ。

版（夕刊）	配達地域（某社の関東の例）	締め切り時刻
2版	静岡、群馬、福島　以遠	10:00
3版	八王子など都内市部、埼玉、千葉、神奈川の大部分	12:00
4版	都心、横浜、川崎の一部	13:00

版（朝刊）	配達地域（某社の関東の例）	締め切り時刻
12版	静岡、群馬、福島　以遠	22:00
13版	八王子など都内市部、埼玉、千葉、神奈川の大部分	24:00
14版	都心、横浜、川崎の一部 （遅版は山手線内と駅売り）	1:00（早版） 1:30（遅版）

054 1社リークをどう考えるか

　ある総合商社は公平な情報開示をモットーに、絶対に1社リークはしないというポリシーを掲げている。またある外資系医療関連メーカーは、発表のテーマごとに毎回リリースの送付先を選び、リークも行なっている。

　発表の仕方に対する考え方は各社様々だが、広報はなるべく多く、なるべく大きく記事を載せたいと思うものだ。だからネタが多少弱いと感じたら、リークを選択する会社は少なくない。リークの方が載る可能性は高まるし、比較的大きく載る。リークされた報道機関にとってその情報は他社が知らない分、情報価値が高いからだ。

　記者にリークについて聞いてみると、よくも悪くもごく一般的に行なわれていること、という認識を持っている人が多い。

　1社リークの是非はやはりネタの軽重によるだろう。企業側の都合で延ばしのばしになっていたインタビューの席で、お詫びがてら記事になるネタを提供する、といったことはよくなされている。しかし、各報道機関が当然後追い報道するようなネタを、故意に1社だけに抜かせるやり方はルール違反だろう。これをいつもやっていては、その会社の広報活動自体、意味をなさなくなる。

　そうは言っても特にB2Bの会社には「日経にさえ載ればいい。他は正直どうでもいい」と言うところもある。日経がカバーして一般紙の経済面ではカバーしきれないニュースは確かにあるし、他に日経に対抗するほどの強い経済紙がないことも指摘されている。日経ばかりを重視する傾向は、実際多くの会社に見て取れる。

　どうしても各紙に同じトーンで大きい記事を、というビッグなネタがある場合、夜中（14版の締め切りまでに情報のウラ取りがかろうじてできる時間）に通信社にリークして配信してもらう方法もある。各紙はウラさえ取れれば急いで記事を突っ込むため、配信記事のトーンをある程度参考にせざるを得ない。また、これは1紙リークではない、という苦しいが弁明も立つ。

リークというよりも情報提供と考える

意図的に情報を漏らす「リーク」は考えもの

1社に限定して小ネタを大きく扱ってもらう
リーク（＝情報提供）は有効な広報手段だ

1社提供のメリット

- 各紙にベタ記事で載るようなネタなら、見出し3〜5段くらいで載ることが多い（それ以下になるようなら各社に提供した方がいい）
- 各紙にベタ記事でも載るとは思えないネタの場合、1社提供なら上手くするとベタ記事で載る
- 話がやや複雑で、一紙にだけでも詳しく書いてもらいたい場合も有効
- 通信社に1社提供すれば各地方紙に同じ記事が載り、全国紙もそのトーンを参考にすることが多い（056項参照）

しかし、いつも同じ社にばかり1社
提供するのも広報の姿勢が問われる

バランスをよく考えて手段を組み合わせよう

055 3社レクなど、小グループ発表会

　発表形式のバリエーションとして、広報業界で3社レクや小グループ発表会と呼んでいるものがある。ちなみにレクとはレクチャーの略だ。少数の特に重要な記者に集まってもらい、経営トップや開発、営業などの担当者から詳しく説明するというものだ。当然リリースだけでは説明しきれない部分も伝えられるし、記者からその場で質問を受けたり意見を聞くことができる。

　3社レクの3社とは、一般に主要産業紙3紙（日経〈日経産業新聞〉、日刊工業新聞、フジサンケイビジネスアイ）を言うことが多い。しかし、例えば化学会社の場合、どこかの社が化学工業日報などと入れ替わったり、4社レクになることもある。いずれにせよ3社の内訳に決まりはなく、メディア3社を集めたレクがよく行なわれてきたというのが実情だろう。しかしこれはあくまでも広報サイドの通称であって、記者に「3社レクをやりますのでどうぞ」、などとは言わない方がいいだろう。

　小グループ発表会には他にも記者発表や勉強会、懇親会、メディアラウンドテーブルと様々なものがある。

　小グループ発表会では特に、同じ新聞社でも違う部にまたがって記者に声をかけることもよくなされる。例えば、医療関係の会社が電器メーカーと共同開発した新しい技術そのものと、それを応用した新製品を同時に発表する場合、科学部、産業部の医療担当と電器担当、その製品の用途によっては家庭部や医療情報部などから記者を招待することがある。

　しばらく発表案件もなく、記者ともご無沙汰しているようなら、記者の側も取材先のひとつであるその会社の現状に疎くなっているだろう。そんな時は社長を引っ張り出して、前期の総括と今期の抱負などを語らせるラウンドテーブルを企画すると、案外出席してもらえるものだ。なるべく記事になるネタを用意したいが、そういうネタがないからやるイベントでもある。社によって可不可があろうが社長には記事獲得よりも関係作りと断って実施したい。OKならその社長の広報マインドは非常に高いと言えるだろう。

小グループ発表会あれこれ

3社レク

- 同じ業界を担当する記者を招いて行なう
- 専門的な、突っ込んだ説明が必要なニュース発表に好適
- 中規模の会社や外資系日本法人などは社長の定例会見（懇談会）をこの形式でやる場合も多い
- 3社の内訳に決まりはない
- 多いのは「日本経済新聞（産業部）」「日刊工業新聞」「フジサンケイビジネスアイ」の3社
- 専門誌・業界紙を入れることもある

記者向け勉強会

- 新しい制度・システムや、最先端医療などについて企業や大学、機関などが詳しく説明するもの
- 業界紙・専門誌でこれの開催自体が記事になっても通常は記事よりも記者の理解を助けるために行なうのが一般的

メディアラウンドテーブル

- 社長を記者が囲んで情報交換や意見交換をするもの
- 社長から事業活動の近況報告をするケースも多い
- 打ち解けた雰囲気作りを心がけるとより効果的
- 但し、昼食や朝食を共にするのは記者が慣れていないことも多い。何度か行なってみて、記者の反応を見て、食事をつけるか判断するといいだろう
- ここで紹介した中では一番継続して行ないたいもの

056 通信社を活用した効果的な情報発信

　日本には時事通信社と共同通信社という2つの通信社がある。元は同盟通信というひとつの国策通信社だったが1945年に一旦解散し、同年に時事と共同、電通の3社に分かれて再発足した。両通信社の成り立ちや会社組織、サービス内容などはそれぞれのウェブサイトで知ることができる。ここでは、これら通信社を効果的に活用するために広報が知っておくといい特徴を述べてみたい。

① **地方に一斉配信**

　やはり広報にとって一番のメリットは、記事を地方紙に一斉配信してくれることだろう。各地方紙は全国紙に比べ部数こそ少ないが、地場では購読率や影響力で勝るものが多い。これら地方紙を個別に、しかも同時に情報提供の対象とするのは大変だが、通信社が流してくれれば一発で済む。

② **速報性**

　通信社は実は複数の商品（記事配信サービス）を持っていて、報道機関以外にも官庁や企業などとも契約している。そのため、マーケットに関連するネタなどの場合、通信社に専門ニュースとして流してもらうと新聞やテレビなどの報道を待つことなく、ターゲットにいち早く伝えることができる。新聞社もウェブ上でニュースを速報しているが、スクープの場合はやはり紙面に載せたがる傾向にあるようだ。

③ **送稿メニューで注意喚起**

　通信社は記事本文を配信する前に、夕刊用と朝刊用それぞれ送稿メニューというものを送っている。これにはニュースのジャンル（一面、国際、政治、経済、社会など）と見出し（内容）、記事の行数、配信予定時刻などが書かれており、記事を受ける新聞社はそれを見て紙面を調整しておく。大きなニュースの場合、これが報道機関への第一報となることもある。

④ **全国紙への注意喚起と論調のリード**

　通信社の配信は主に報道機関が受けている。そのため、場合によっては配

信記事が各新聞社の記者たちを慌てて取材に向かわせることもあるわけだ。もちろんそれだけのニュースバリューがあれば広報が個別に全国紙記者に情報提供してもいいのだが、記者がつかまらないことも多い。通信社を通せば確実にその社には伝わるし、記事本文が流れれば、各紙は否が応でもその論調を参考にせざるを得ない。下手をすると誤解を招くネタの場合、後で他の新聞社が参考にすることを期待して、先に通信社の記者にしっかりと説明した上で、正しい記事を流してもらうことも有効だ。

⑤　地方からのブーメラン効果もある

　普通であれば全国紙にはなかなか載らないようなネタの場合、通信社に一社提供してまず地方紙に配信してもらう手がある。上手くするとどこかの地域性とフィットして、その地の新聞で大きく取り上げられることがある。ある大手家電メーカーは、非常にニッチな漁業用製品の紹介記事を通信社に配信してもらったところ、それが北海道新聞などで大きく取り上げられた。まずは地方で火が付いた格好だが、その後そういった記事に関心を持った全国紙が取材に来て、見事その新聞でも紹介してもらったという。地方紙経由で全国紙へという、ブーメラン効果を狙った妙手といえるだろう。

⑥　各新聞社は通信社の語句を参考にする

　外国で行なわれる国際会議の名称の邦訳や、新しい技術や概念などでは、同じものを指す複数の語句がある場合がある。新聞各社ではどれを使うかという問題となるわけだが、まず時事と共同の配信記事を見比べて、一致していればそれを各社が使うケースが多いそうだ。そのため時事と共同では配信前に協議することもあるという。

⑦　広報も語句を参考にするといい

　共同通信社が発行している『記者ハンドブック新聞用字用語集』は多くの広報担当者がリリースなど報道資料の作文をする際に参考として使用している。また英文で報道資料を作成する際は、米AP通信の『The Associated Press Stylebook and Libel Manual』か、ニューヨークタイムズ社の『The New York Times Manual of Style and Usage』を使う人が多い。大手広報代理店ヒルアンドノウルトン社のLAオフィスでは、入社すると渡される一式の備品の中に、APのスタイルブックが入っている。

057 海外特派員に日本から情報を提供しよう

　海外の特派員にネタを送って外電で記事を入れてもらう方法がある。国際面に掲載され他の経済記事より目立ったり、普段なかなか載らない一般紙に載ったりと、一味違った記事を獲得できる広報手法である。

　各国の主要都市には日本のメディアの特派員が駐在している。彼らは一部の大都市の支局を除いて支局長以下1、2名で駐在し、多国間交渉や政府の動き、紛争といった政治的なニュースや、海外市場や金利の動向、企業トップのインタビューといった経済ニュースなどを日本に送っている。どこの都市にどのメディアの何という記者が駐在しているか、各社に問い合わせても教えてくれるが外電の記事を見ればいい。たいてい特派員の署名がついている。

　もし海外のネタがあれば、その土地の特派員にアプローチするといい。国内ではどうしても海外の一地域のネタはありあまる国内ニュースに蹴落とされがちだが、同じニュースでも外電で入れてもらうと載ることが多い。これは日本に進出している外資系企業の広報にとっても使える手で、例えばドイツで発表したネタを日本で翻訳して翌日にリリースしても載らないことが多いが、特派員に即日日本語でもドイツ語でも情報提供すれば外電で入ることがある。現地の広報スタッフ頼みではなく、日本から送ってもいいのだ。

　海外の特派員に聞くと、現地の企業からきちんと相手にされないことがまだまだあるという。インタビューを申し込んでもなしのつぶてだったり、ニュースリリースが送られてこなかったり、記者会見に招待されないなど不満を募らせていることがある。ある会社では日本支社の広報担当者が現地の本社広報に特派員の連絡先を伝え、しっかりケアするよう頼んだところ、以後本社広報の対応ががらっと変わり、その特派員はすっかりその会社のファンになってしまったという。

　海外に行く機会があれば支局に挨拶に行くといい。よほど忙しい状況でなければ会ってくれるだろう。外地で人と会うと、不思議と打ち解けたり長く

覚えていたりするものだ。海外特派員は4年程度で交代し、中には別の任地に赴く人もいるが概ねまた日本に戻り、第一線の記者として活躍する。外地で始まった人間関係が後でまた深まることもあるだろう。

海外特派員への情報提供

外電でストレートニュースを入れてもらおう

- 情報をよりタイムリーに、日本のターゲットにも伝えられる
- 日本国内で発表するより記事が掲載されやすい場合がある
- 国際面に入ったり、経済紙の海外ニュース面に入ればより記事が目立つ

FAMトリップに招待しよう

- FAMトリップ(メディアツアー)に関しては次の058項を参照
- 日本の記者よりも参加してもらいやすい
- 記事が外電扱いで入ってくる
- その後、その国の窓口(本社広報など)と関係構築してもらいやすい

トップインタビューを依頼しよう

- 滅多に日本に来ることのない海外のトップに現地でインタビューしてもらう
- トップ来日などのスケジュールに合わせることなく実施できるため、(ニュースがあれば)現地でインタビューしてもらうことで、よりタイムリーにニュースが伝わる
- 同時に日本にいる同じ社の記者にも、日本のトップを取材してもらえば、2カ国を結んだ大きな記事を獲得できる

058 メディアツアーをやろう

　FAM（ファム、Familiarization の略、慣れ親しませるの意）トリップとも言われるが、記者を遠隔地に連れていって取材してもらうことをメディアツアーという。わざわざ国内外の遠方まで記者を連れていく理由は「百聞は一見にしかず」のことわざどおり、実際に記者にその目で見て体験してもらい、理解を深めてもらうことにある。もちろんパブリシティも目的だ。

　航空会社などがメディアツアーをやる場合、タイアップと呼ぶこともあるが、この場合雑誌やテレビとバーター取引をすることが一般的だ。つまりビジネスクラスの往復航空券を2名分出すからカラーで4頁以上の記事を確約して、といった具合に話を詰める。

　これに対しビジネス誌や新聞の記者に本社取材を持ちかける場合などは、こうしたバーター取引はまずない。あくまで取材の成否で、どういったストーリーでどんな大きさの記事になるかが決まる。こちらの方が報道の色が濃いから当然といえば当然だ。

　新聞社によっては企業の招待は一切受けないというスタンスを取っている。俗にアゴ・アシ・マクラというが、交通費や食費、ホテル代などはすべて、行くなら自分たちで払うというポリシーだ。企業側にすれば行ってもらえさえすれば安上がりではある。しかし想像どおり、記者は行きたくてもなかなか社として許可がおりない、というケースが多いし、新聞社の場合、いくら日本にいる担当記者に現地を見てもらいたくても、目的地の周辺に特派員がいればそちらに任せることになってしまうのが一般的だ。

　また記者もメディアツアーに参加するとなると、留守中の穴埋めの手配をしたり、ツアー日数に応じて何本も原稿を上げたり、とさらに大忙しとなる。

　メディアツアーは予算確保や準備が大変だが、記者に理解を深めてもらうには何よりの方策だ。メディアツアーで行った会社のファンになった、担当が代わってもいつまでも気になる、という記者は多い。数日間一緒に海外で行動する場合、帰国後も公私共に交流が続くという副産物を産むこともある。

FAMトリップ（メディアツアー）のフロー

```
企画立案
いつ頃、どのメディアに、誰を会わせ、何を見せるか
        ↓
社内で予算を確保する（稟議書作成）
        ↓
訪問先（海外の本社など）に大よそのスケジュールを打診
        ↓
大まかな企画案を元に記者に打診
        ↓
旅程の作成
```

- 訪問先のスケジュールを確認
- インタビューの対象者や見学施設、顧客への追加取材など、記者の取材希望を確認し、調整する

```
        ↓
記者に正式な招待状（もしくは旅程表）を提出
記者もそれを元に社内稟議を通す
        ↓
必要に応じチケット、ホテル、保険を手配
        ↓
出席者を集めて事前ブリーフィング
        ↓
出発
```

059 ニューズレターで記者の関心を維持しよう

　ニュースリリースを出すほどではないが、"記者には知っておいてもらいたい"というネタが広報担当者の手元にはいくつもあるだろう。例えば外資系企業であれば本社発のニュースリリースで日本にはあまり関係ないもの、あるいはすでに外電で報じられた海外発のリリースの翻訳版、またはリリースにするには時間が経ちすぎてしまったもの、などだ。他にも、もう実施してしまったボランティア活動や、地方紙に大きく載った野球チームの地区優勝など、細かいネタも色々あるに違いない。

　こういったネタは「ニューズレター」としてリリースとは切り分けて記者に送るといい。レターヘッドも専用のものを用意し、ひと目でリリースとは別だと分かるようにしよう。記者のもとには毎日100や200のリリースが届いている。それでなくても多すぎるのに、地方での野球大会のネタまで同列に送って来られたらさすがに文句も出るだろう。情報はメリハリが大事だ。

　ニューズレターはまた、それとすぐ分かるよう、写真を多用したり、あえて遅く着く郵便で送ったりして差別化をしてもいい。先に挙げたような小ネタがたくさんあるようなら、2週間に1度あるいは月に1度と定期化し、何個かネタをまとめて送ってもいいだろう。とはいえ、あまり頁が多くても読まれないので、せいぜい2枚程度に留めよう。また大きな字体で小見出しを多くすれば読まれやすい。ニューズレターの場合、記事になることよりも記者に知ってもらうことが目的だから、読まれる工夫をすればいいのだ。

　ある製薬・医療機器メーカーでは、米国本社発のリリースで日本市場にあまり関係がないものの中から、技術力や安全性といったネタを選んでニューズレターとして出していた。それらが、記者にその会社のイメージとして持ってもらいたいキーワードであったからだ。そういった一種の啓蒙目的で始めたニューズレターであったが、記者の方もネタがない時に重宝してくれたらしく、ほぼ毎回、どこかの新聞や雑誌がニュースとして取り上げてくれていた。こういった副産物は広報担当者も嬉しいものだ。

III 攻めの対外広報を実現する

ニューズレターのスタイル（例）

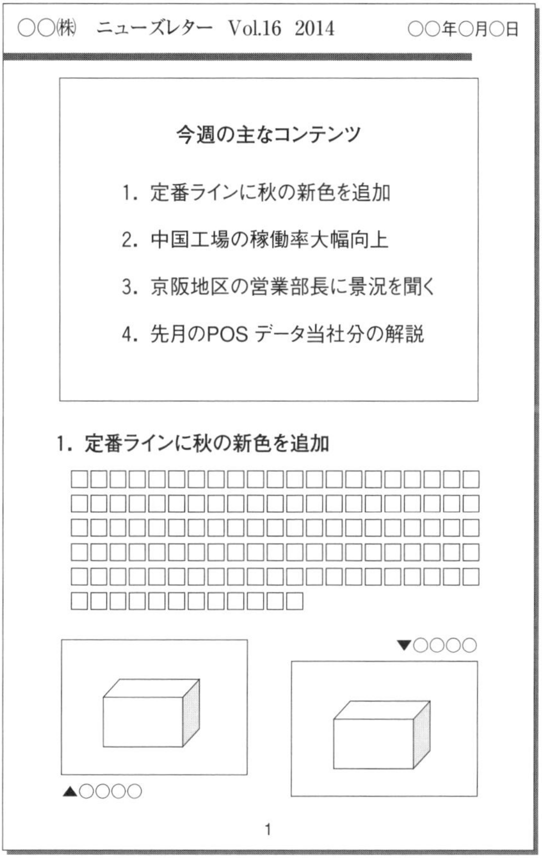

○○㈱　ニューズレター　Vol.16　2014　　　○○年○月○日

今週の主なコンテンツ

1. 定番ラインに秋の新色を追加
2. 中国工場の稼働率大幅向上
3. 京阪地区の営業部長に景況を聞く
4. 先月のPOSデータ当社分の解説

1．定番ラインに秋の新色を追加

▲○○○○　　▼○○○○

1

ニューズレターのネタ（例）

- ニュースリリースにするほどでない小ネタのニュース
- 海外発表のニュースリリースの翻訳（時間が経過したもの）
- ニュースではないが記者に知ってもらいたい情報（日本には関係ない海外での技術発表など）
- 他で発表された情報に対する、会社独自の見解や見方
- 前にリリースで出した商品の売れ具合やその後の情報

060 個別インタビューの基本スタンス5

　メディアにインタビューを持ちかけて実現したら、社長など会社のスポークスパーソンにトーキングポイントや想定問答、ニュースリリースなどを渡し、内容を説明するはずだ。その時に、インタビューを受ける際の基本的なスタンス（姿勢、心構え）をブリーフィングしておくといい。以下に各ポイントを解説する。

① **聞かれたことだけに答える**

　記者が聞いてもいないことをついついサービス精神であれこれ話してしまうことがある。まだ発表できないことを話してしまうリスクがあるだけでなく、記者も短い時間で色々聞こうと思っているだろうから、なるべく簡潔に回答したい。

② **聞かれたことだけに答えない**

　①と矛盾するが、今日のインタビューで一番伝えたいこと、キーメッセージについては、とにかくチャンスを狙って繰り返し伝えることが大事だ。今期の売上減の要因を聞かれたら、その回答だけでなく「コストダウンによって利益は増える。それは年初の計画通り」と付け加えることである。

③ **キーメッセージに立ち返る**

　困った質問や触れられたくない話に展開されても、今日はこれだけを伝えたい、というキーメッセージに戻ることだ。地方工場を閉めるそうだが、と話を向けられても、その理由を解説するより「当初の予定通りコストダウンを進める一環でありこれにより競争力が向上する」といった具合だ。

④ **イメージを浮かばせる**

　抽象的な話をいくらしても、聞き手が正しくイメージできず、説得できないということがある。自分の話す内容を聞き手が頭の中でイメージできるよう、気をつけたい。数字やエピソードを交えて話すと効果的だ。

⑤ **ターゲットを常に念頭に置く**

　話す相手は目の前の記者ではない。その向こうにいる顧客、取引先、株主、

従業員等など、発言の影響が及ぶ利害関係者を意識したい。そして中でも誰に一番このメッセージを伝えたいか、話しながら念頭に置こう。

個別インタビューの基本スタンス

聞かれたことだけに回答する

- 過分なサービス精神は口を滑らせるなど裏目に出ることもある

回答にとどまらず「言いたいこと」を伝える

- インタビューはただの会話ではなく、どれだけ言いたいことを言い合うか、主導権を取り合う競技でもある

いつでもキーメッセージに立ち返る

- 聞かれたことには端的に回答し、すぐさまキーメッセージに話を展開する
- 困ったとき、答えに窮したときこそ、「そういったことよりも、今我々が取り組んでいるのは〜」とメッセージに戻るといい

イメージを浮かばせるように話す

- 具体的な数字、分かりやすい例え、現場のエピソードなどをあらかじめ広報が用意しておく(「かなり」「非常に」「結構」など抽象表現は避ける)

誰に向かって話しているか常に念頭に置く

- 従業員、株主などのステークホルダー(利害関係者)が自分の発言を読んだらどう思うか、を忘れずに

061 インタビュー前トップに伝える5つのポイント

　インタビューが決まったら、前日までに、少なくも30分はインタビューを受けるスポークスパーソンに時間をもらって、以下の5つのポイントについてブリーフィングしよう。どうしても時間が取れなければ当日、インタビューの直前でもいいから、必ずこれはやった方がいい。

　スポークスパーソンの大きな関心事は、自分がどんなことを聞かれてどう答えれば社として好ましいのか、ということと、どこまで自分の考えを自由に語っていいのか、ということが多い。

　前者については取材に来るメディアの概要や想定問答を説明すればよいが、後者については基本的には「ご自分の考えをご自由に」ということになるだろう。ただし、「記者が聞きたいことや、社として絶対伝えてほしいキーメッセージ、絶対に話されては困る点、いつも取材を受けられる方にお伝えする注意点などがありますので、それだけ説明させて下さい」と、ブリーフィングにつなげるといい。以下はそのブリーフィングで伝える5つのポイントである。

① **基本スタンス**
　060項で述べた、取材を受ける際の姿勢、心構えだ。このほか、社として事業部別の売上げは開示しない、などのルールがあれば説明する。

② **メディアと記者のプロフィール**
　メディア（あるいはコーナー）の概要、読者（視聴者）層、発行部数、もし連載コーナーなら前回の登場企業（人）、その記事など。記者個人についても、分かる範囲で業界や自社に関する知識の程度を調べてインプットしよう。またどういった記事になるのか、もし分かればその見本となる記事を用意するといい。もちろんその記者が書いた記事がベストだ。

③ **取材テーマ（アングル、切り口）**
　何について聞きに来るか。当社だけか他社も回るのか。記者はあらかじめストーリーを持っていそうか、白紙に近い状態で真っ向から取材に来るか。

④ 主な質問と想定問答

　質問はあらかじめ記者にもらっておく。たいてい5問程度しか出してもらえないので、後は想定問答を作る。コムパケから抜き出してくればいい。

⑤ トーキングポインツとキーメッセージ

　これは005項に詳しく解説している。参照してほしい。

インタビュー前のトップへのブリーフィング

基本スタンス
＋
独自の開示ルール

- 事業部単位の数字は言わない
- 機関承認前の案件は言わない　など

メディアと記者のプロフィール

- その媒体の最新刊（版）とその記者が書いた記事

取材テーマ（アングル・切り口）

- 何について聞きに来るか
- それをどういったトーン（ストーリー）に使おうとしているか
- これをしっかり把握するのが広報の役目

主な質問と想定問答

- 記者から出してもらった質問
- 広報が考えた質問
- それぞれに対する広報が希望する答え方

トーキングポインツとキーメッセージ

- このメディアの向こうにいるターゲットに伝えたいこと

062 記者がストーリーを決めてコメントだけを取りにきた

　スポークスパーソンとなる企業トップに、これまで取材を受けた中で一番嫌な経験は、と聞くとたいてい共通した答えが返ってくる。曰く「記者があらかじめストーリーを作っていて、こちらが何を言おうとひとつのコメントを取ることしか頭になく、終始そのコメントを言わせようとあの手この手で攻められた」「１時間もインタビューを受けてあれこれ話したのに、こちらが意図していない形で自分のコメントがいいように使われただけだった」。
　これを避ける方法や話題を変える方法を、参考までに３つ挙げよう。
① そもそも取材を受けない
　広報が事前に記者と取材の狙いやテーマについて話しておけば、特定のネタにしか興味がなかったり、もうすでに記事の骨子が固まっており、当社にはそのストーリーを補強するコメントしか求めていないことが分かることがある。それに分かっていて乗る手ももちろんあるが、そのストーリーが好ましくないものであれば、取材依頼を断ることも検討しよう。断った場合は、記者が役員宅などに夜、取材に行くかも知れない。関係する人にその注意を促しておこう。
② 「そのことは話せないし、これ以上こだわるなら取材は中止」
　事前の話とは違ったテーマを持ち出し、それに固執する場合、「記者さんはXXにご関心が高いようですが、それについては現在本当に全くお話しすることはないのです。今日はYYの取材と伺っていましたが、そちらの方でしたら色々聞いていただきたいことがあります」と切り返し、当初記者が出してきた元の話題に持っていく。これはスポークスパーソンがしてもいいし、いざとなれば同席している広報がしてもいい。それでも記者はまたしばらくしてから本来聞きたかったテーマに戻るだろうが、こちらも強引に押し戻せばいい。
③ 回答の是非がその場で判断がつかなければ「検討する」
　本来の取材テーマとずれていても、記者のほしいコメントがある程度分

かった時点で、本当にその件については言えないものか、自問してほしい。答えてあげれば記者は喜ぶし、残ったインタビュー時間をこちらの好きなテーマで使っても落ち着いて聞いてくれるはずだ。そこで伝えたネタも、きっと別の形で記事にしてくれるだろう。

　すぐにコメントすべきかどうか判断がつかない場合もあるだろう。そんな時、ある機械メーカー社長は次のように言ってその場を収めてしまった。「記者さんのご関心は分かりました。ただ、私が今それについてコメントするのはいささか迷うところでもあるので、ちょっと社内で検討し、締め切りがあるでしょうからそれまでに必ず、何らかのお返事をします。でよろしければ、今は別の話をしませんか」。

"都合のいいコメント取り"への対抗策

- 広報がしっかりチェックし、初めから取材を受けない

- 毅然とした態度で「答えられない」と言う

- その場では一旦保留し、後で検討してから回答する

063 インタビューを受ける際のちょっとしたテクニック5

さて、以下はインタビューを受けるスポークスパーソンに教えてあげるといい、ちょっとしたテクニックだ。もちろん広報担当者自らが取材を受ける時にも役立つだろう。

① **結論を先に**

いわゆる「はい・いいえ」で答えられるYes・Noクエスチョンも、文章で答える質問も、まず答えから話し、なぜなら、というのは、と理由を続けよう。

② **ポイントは3つ**

「その答えは3つあります。ひとつに純粋な売上増、2つめはコストダウン、3つめは為替差益です。まず売上増ですが、これは…」といった答え方をすると聞いている方も整理しやすい。ポイントは常に3つでなくてもいいが、3はゴールデン・トライアングルといって、コミュニケーション学では最も覚えられやすい項目数とされている。

③ **ネガティブな解説は省く**

経営者に多い癖で、例えば減収の理由を聞かれ、世界のマクロ経済から自社の欠点まで、ネガティブな側面の分析や解説を延々と述べてしまう。ここはさらっと減収の理由を一、二挙げたら、ポジティブな要素、例えば単体では下期黒字達成の見通しであることなどを付け足したい。

④ **質問が曖昧なら聞き返す**

質問なのか意見なのか分からない話の後に「そのあたりのことはどう思います?」と聞かれることがよくある。また、記者自身も考えながら質問しているのか、何だか要領を得ない聞き方をすることもある。そういった場合は「ご質問の趣旨はこういうことですか」「ご質問の意味がよく分からないのでもう一度お願いします」と遠慮なく聞き返そう。

⑤ **記者を名前で呼ぶ**

たいていの人は「記者さん」や「朝日さん」などと呼ぶが、「田中さんが

今言われた点は…」「鈴木さんはどう思われますか」など、名前で呼ぶといい。呼ばれた記者も、親しみや距離の近さを感じていい、という。

インタビューを受ける際のテクニック

結論を先に言う

- まず肯定か否定をしたり、結論から話し始める
- 理由はその後に続ければいい

ポイントを3つ程度、箇条書きで話す

- 「そうです。その理由は3つあります。まず〜」のような話し方

ネガティブな解説はこの際省略する

- なぜ駄目なのかを延々話しても意味がないことが多い

記者の質問が曖昧なら遠慮なく聞き返す

- 曖昧な理解で答えると意図に反した書かれ方の元になる
- もう一度質問してもらっている間に考えることもできる

記者を名前で呼んだり問いかける

- 親しみを与えると共に、主導権を取りやすくなる

064 主導権をどうとるか

　062項で「あれこれ答えたのに、たった一言のコメントが勝手に解釈されて使われただけだった」という不満への対応法を述べたが、インタビューの主導権を記者に奪われっぱなしだと、こういった事態を招きやすい。

　記者に聞かれるままに素直に回答しているだけではインタビューという折角の機会を活かしきれない。記者にしてみれば、色々話を向けてあげたのに、ちっとも面白い話が聞けなかった、何もニュースが出てこなかった、ということだったのかもしれない。

　ここはぜひ、「今日は記者に自分の話（ニュース）を聞かせるんだ」という強い意識を持って、記者から話の展開の主導権を奪い取ってほしいところだ。

　以下は会話の中で主導権をとっていくテクニックの一部である。

① ブリッジング（橋架け）

　「A事業（実はいずれ撤退するが今は言えない）は厳しいですね、どうしますか」という質問をされたとしよう。「昨今の円高でAのみならず輸出に頼る産業は厳しいですが、逆に円高によって伸びている分野があります。実はB事業では前年比200％の…」など、聞かれていない為替の話題を持ち出し、そこから好調なB事業の話にブリッジングするやり方だ。「…と言えば」「一方では…」といった言葉でつなげばやりやすい。

② 質問する

　「逆に大田（記者）さんはどう思います？」など、聞かれたことを聞き返すやり方だ。中には「こっちが聞いているんです」と取り付く島もない返答もあるが、よくぞ聞いてくれました、とばかり持論を話してくれる記者もいる。そういう意見は外部の、しかも業界を横断的に研究している人の貴重な声として真摯に耳を傾けてほしい。それとは違った次元で、聞き返しは相手の意表を突き、主導権を引き寄せる有効な手段でもある。また、その間に自分の回答を考える時間を稼ぐ効果もある。

③ 事前に出された質問のうち、答えたいものを先に答える

インタビューの冒頭には、普通なら記者から自己紹介や今日の取材趣旨の説明がある。このすぐ後、最初の質問を受ける前にこちらが口を開き、あらかじめ記者から出してもらっている質問を挙げて、「今日はこういったことにご関心を持っていただいておりますが、この中の3番目にある"研究開発分野の提携"について、まずお話しさせてもらってもいいですか」と切り出すのも一手だ。記者は面食らうかも知れないが、駄目だとはなかなか言わない。こちらの一番話したい内容を先に話し、そこであらかたの時間を使ってしまうこともできる。しかし記者はもっと聞きたいことがあればそちらに話を誘導するだろう。そこでまた、主導権争いになるわけだ。

④ 出鼻を狙う

インタビューの冒頭は、記者もまだウォームアップの段階で、「中間決算を出されましたが堅調ですね」など、当たり障りのないところから入ってくることが多い。ここではこちらもウォームアップとして差し障りのない話をしてもいいし、これ幸いと、一番伝えたいトピックにブリッジングして、いきなり各論に展開していってもいい。

ここで4つほどテクニックを挙げたが、いずれにも共通する重要な点は、決して具合の悪い質問から逃れるためにやっても意味がないということだ。

ブリッジングにしろ聞き返しにしろ、出鼻でいきなり各論を始めるにしろ、記者の興味関心を引けるニュースをそこで出さなくては相手も乗ってこない。つまらない話にブリッジングしても、記者には真面目に取材を受けようとしていないと見られるだけだ。そうなれば記者も怒るだろう。

主導権をとるということは、記者が今関心を持っているネタよりも、こちらにとっても相手にとってもより価値のあるニュースを提供することだ。そのように意図して話を展開し、こちらも記者もハッピーとなるWin-Winの関係を目指したい。

065 トップにメディアトレーニングを受けてもらう

　060項からここまでインタビューのテクニックを紹介してきたが、広報担当者がトップにこれを説明するのは大変だ。トップにしても体験しないことにはピンとこないし、第一社長や専務といった面々には広報も言いにくいこともあろう。できれば外部の専門家に頼みたい、というのも自然なことだ。

　一方で、2000年の雪印乳業のケースをはじめ企業の不祥事が相次いでいる。不祥事を起こした企業のトップが下手な対応をすれば、すぐに会社の存続が危うくなる。メディアを通して企業の対応を見た一般の人が、法廷とはまた別のところで厳しい審判を下すようになっている。そういった様を見てきた多くの企業が、メディアの影響力を改めて知り、トップのメディア対応スキルを向上させようと試みている。

　こうしたニーズもあり、日本でも広報代理店がメディアトレーニングをサービス化し、本格的に提供を始めている。右頁は典型的なメディアトレーニングの解説だ。

　外資系企業には比較的メディアトレーニングが浸透しており、メディアの取材を受ける人は必ずこのトレーニングを受けなければならない、という規定があるところも多い。日本企業ではまだ広く一般化したとは言えないが、実施する会社は確実に増加傾向にある。ヒルアンドノウルトン社ではここ3年間、件数で前年比2桁の伸びだ。

　日本の企業では、まず広報担当役員が自分で受けてみて、次に専務、常務と外堀を埋めていき、最後に社長、というステップを踏む会社も多いようだ。中には、ある総合電気メーカーのように社長がまず受けて感銘を受け、三十数人の全役員にも受けるよう指示したケースもある。

　またメディアトレーニングはできれば年に1回、少なくとも2年に1回はリフレッシュのために受講するといい。何度も受けていると、次第に自己のスキルで気になる部分が自分で分かり、毎回違った発見をするようになる。

　トレーニングを受けたほとんどの人が、広報がいかに自分を助けてくれる

か認識を新たにする。広報の地位向上の意味でも、トレーニングの実施を計画されてはいかがだろうか。

メディアトレーニングとはどんなものか

通常はレクチャーと模擬演習の二部構成

- 普通は主となるメイントレーナー（講師）がトレーニング全般にわたってコンダクトする。
- 受講者が1人なら半日（3～4時間）で受講可能だ。
- 話というものは、自分が思っているほど人には上手く伝わらないものだ。メディアトレーニングのレクチャーでは、なぜ伝わらないのか、どうしたらより効果的に伝わるのか、といったコミュニケーションの基礎を解説する。
- またメディア対応のために知っておくべき、メディアや記者に関する知識、その取材方法なども紹介する。

模擬インタビューはビデオで収録する

- 受講者1人につき、2回程度の模擬インタビューを受ける。
- 1回目で上手くいかないところを確認し、2回目で改善を試みる。
- 模擬インタビューの記者役は、様々なタイプの記者によるインタビューを間近で見てきた広報コンサルタントか、元記者が演じる（近頃は元記者によるトレーニングが増えている状況だ）。
- 模擬インタビューの模様は、想定するインタビューがテレビ取材でなくてもビデオで録画する。それを後で全員で見ながらクリティーク（批評）していく。

自分で自分の欠点に気づかせる

- 良いトレーニングはこの点に尽きる。いくら相手が外部の専門家とは言え、頭ごなしに批判されても身にはつかない。人からいくら注意されても心底自覚しないとなかなか直らないものなのだ。もちろん、トレーナーは本人が気づきにくいところを指摘する役目を担う。

066 誤報対応
～会社の価値を守り次につなげる一手とは

　記事が出たはいいが、誤った内容だった、ということも起こり得る。この「誤り」は、①名称や金額など事実に明らかな誤りがある場合、②当社とは違った理解をされて書かれた場合、③文章の問題で読みようによっては違った意味にも取れる場合、に大別できるだろう。

　訂正記事は、上の①に該当する単純なミスによって、記事を書かれた会社に深刻な被害が出かねないケースに限り、メディア側も応じることが多い。

　しかし②や③の場合、まず訂正記事は期待できない。例えば「準主力工場（B工場）を閉めるつもりは」と聞かれ「まあそういうこともあるでしょうね」と可能性を答えたつもりが「A社、B工場を閉鎖へ」と書かれた会社があるが、抗議しても訂正記事は出なかった。別のケースではA社がB社のサービスを導入（購入）したところ、それを提携と書かれたが、やはり抗議しても訂正は出なかった。いくら社長名で抗議文と訂正依頼を内容証明付き郵便で送っても結果は同じだ。

　特に新聞社は現場主義が徹底しており、現場の記者が取材してきた内容は、基本的に信用され尊重されるそうだ。ある新聞社の部長に聞いたところ、記事に抗議されても、それを書いた記者が関係者から裏を取って、自分も事実と理解したと言えばそれまで、ということだった。現場記者も同様で、これは間違っていると指摘しても、ただ認識の違いを主張され、話が平行線のまま、というケースも多い。

　上の①に該当しかつ大きな問題でなければ、訂正記事は求めるだけ無駄だ。これは極論かもしれないが、現実的でもある。些細な間違いでも常に訂正を求めるべきだ、と言うのはやさしいが、結果を伴わなければ意味がない。ここでは何でもかんでも訂正を求める代わりに、「正しい情報」に基づく記事を改めて書いてもらうことと、今後の再発防止とを目的とした、記者との話し合いを勧めたい。

　上の①～③のいずれの場合でもまず、書いた記者本人と広報の責任者が話

すことから始めよう。いくら憤慨しても、いきなりデスクや部長、局長宛てに抗議文を送りつけたりすると、その記者との関係は決定的にまずくなる。その記者が担当であるうちは、敵に回すのは得策ではない。特に上の①にあたる場合はその誤りを指摘し、「このために当社では大問題です」と伝えるだけで、十分今後注意してもらえるだろう。

　②や③のケースでも、「田中（記者）さんと違い、当社としてはこれは提携ではないという認識です。実は社内でこの記事が問題になって困っています」「常務はここに書かれているような意味でああ言ったのではないんですよ。実際書かれたことも当社では行なわれません」などと切り出そう。

　方法論として、ただ正誤の白黒をつけにいくのは避けた方がいい。ここが間違っている、と紋切り型にクレームをつけて反発されても意味がない。

　いずれの場合でも、もし可能なら「今度、何かネタを用意するからその時にこの部分、ウチがこういう認識を持っていることを改めて書いてもらえませんか」と打診するといい。

　ある玩具メーカーの子会社で、鳴り物入りで新規事業に参入した会社があった。しかし２年ほど経っても一向に採算があがらなく、どこからか聞きつけた記者が「撤退」するとある日スクープ報道した。当然その会社は抗議したが訂正は出されなかった。しかし、その後その新聞社はしっかりと取材をし、その会社が新規の流通チャネルを開拓し、新たな市場に進出する、という記事を書いてくれた。

　間違いが決定的であれば記者も内心「しまった」と焦っているだろう。それをただ訂正しろと迫るのではなく、次のネタで挽回してもらえるよう持ちかければ、きっと記者も応えてくれるはずである。

067 定期的なメディア・オーディットで定性調査

　その会社（や広報）をどう見ているか、記者に意見を聞き調査結果をまとめることをメディア・オーディットという。

　広報は自らを取り巻くあらゆる主体との関係構築を扱う機能だが、そういった周囲の主体との間には媒体（メディア）が存在している。だから対外広報の中でもメディア対応が重要なわけだが、そのメディアがこちらをどう見ているか、非常に気になるのは当然だろう。

　当社のことを好意的に見ているのか、反感を持っているのか。記者は同業他社にも通じているから詳しい比較もできる。金銭の関係はないから言いたいこともはっきり言ってくれる。意見を聞くにはもってこいの存在だ。

　広報は一方的に情報発信するだけでなく、こういった外部の声を拾い集め、社内に伝える役目もある。定期的にメディア・オーディットを行なって、会社や広報の実態、進むべき方向などをチェックしていこう。

　以下はメディア・オーディットの流れとポイントだ。

① **調査対象とする記者を特定する**

　業種・業態、会社の規模にもよるが、今現在の担当記者や、以前担当していた記者やフリージャーナリストなど、20～50名程度をリストアップしよう。大手の新聞社、通信社、雑誌出版社、テレビ局だけでなく、専門雑誌や業界紙誌などもバランスよく入れたい。今の担当記者が新任者だったら、必ずしも適任ではない。理想はついこの前まで担当していた記者だ。

② **調査方法の決定**

　電子メールで案内しインターネット上でアンケートをとる方法や、紙でのアンケート、電話でのヒアリング、など様々だが、一番いいのはやはり直接会って聞いていく方法だろう。記者にヒアリングするのは顔見知りの広報でない方がいい。広報代理店に調査を依頼するのがいいだろう。

　また調査には調査対象自体が調査を依頼していることをオープンにするやり方と、そうでないやり方がある。メディア・オーディットの場合は、「前

回の決算説明会について」など、より具体的な質疑応答をしやすい前者、すなわちオープンにする方法を取る場合が多いようだ。

③ 調査実施

　回答が曖昧なら突っ込んで聞くこともできるし、質問が分かりにくかったら説明もできるので、会えば有効回答も多くなる。微妙なニュアンスを嗅ぎ取れるのも対面調査ならではだ。いずれのやり方にしろ、記者には本人が特定されないようレポートすることを確約しよう。その際「全国紙経済部記者（30代・男性）」のような書き方までは OK か、聞いておくといい。

④ レポート作成

　レポートは、まず冒頭で、調査の方法やサンプル数、その集計方法、採用した統計手法などを明らかにする。その上で、調査で知りたかった項目ごとに集計結果と実際の記者の声をそのまま載せていく。特に重要と判断した場合は、調査担当者の主観・私見（記者のコメントだけでは伝わらない、そのコメントを言った際の雰囲気や行間のニュアンスなど、印象に残ったもの）も書き添えよう。最後に総括をして完了だ。

メディア・オーディット・レポートの構成

Ⅰ　調査概要

Ⅱ　集計／分析
1. 記者の広報に対する満足度
2. 広報担当者の必要条件
3. 広報の評価
4. 競合他社と比べたランキング

Ⅲ　総括
　　○○社の企業イメージは…

Ⅳ

年間広報プランを立てる

広報100のテクニック
068-075

　広報プランは重要だ。対外広報の仕事はややもすると、社内で持ち上がるひとつひとつの発表案件をこなしていくことに終始しがちだが、こうした活動は点ではなく、線でつないでこそ生きてくる。所定の目的に従って、目標を設置し、それを達成するために何をしていくか。半年、1年、3年と、期間を区切ってプランニングしたものが、広報プランだ。ここでは会計年度に即し、「年間の広報プラン」をどう立てるか、一連の手法「スリーチャート方式」をもとにいくつかポイントを解説する。これはたった3枚の図表を使って計画立案から社内説明までしてしまう、単純で分かりやすい手法だ。広報代理店のプレゼンにも役立つだろう。

068 プランはいつ立てる?

　年間のプランであれば、当然のことだが来年度の見通しや今年度の反省材料などが揃った頃、そして一番大事な予算取りを行なう時期に立てるのが普通だ。つまり外資系企業など四半期を重視している会社なら第4四半期、月で言えば10月から12月、伝統的な日本企業なら年度末に近い年明けから3月といったあたりになるだろう。

　広報担当者は常に周囲より半歩先を行く努力をするといいといわれる。社内外を調整していくには、誰かにお尻を叩かれて慌てて動き出すようでは困る、ということだ。その意味でも、広報プランの立案には、早め早めに着手したい。トップや他部署を巻き込み、広報部内にも共通の目標を掲げるためにも、広報プランは不可欠だ。また、現在の会社のポジションを、来年度はどこへ引き上げていきたいのか、そしてそのためにやるべきことと、その予算はいくらなのか、積極的に提示することが、広報の社内地位を引き上げていくことにもなる。

　もっとも、来年度の事業計画やトップの方針が出ないうちは広報が先走っても仕方ない、という声も聞こえてきそうだ。確かに広報活動は事業目標や重点施策（イニシアチブということもある）と密接な関係を持っており、広報が独自の方向性を打ち出しても始まらないこともある。しかし事業目標の策定自体にも広報は関わるべきだし、それが本来の機能であると認知され、実際にそうしたプロセスに広報が参画している会社も多数ある。

　事業計画や経営戦略の立案には会社の正しいポジショニングが不可欠だし、今後会社がどう社会（もっと細分化した特定ターゲットでもいい）から見られていくべきなのか、といった視点も重要だ。そういった定性的な判断材料をインプットできるのも、広報という仕事なのである。

年間広報プラン策定のフロー

検討材料の収集
- 今年度のこれまでの結果・評価
- 来年度に持ち越す案件、課題とチャレンジしたい案件

↓

事業計画の確認・社内主要関係者との面談
- 来年度の重点施策と広報に期待する役割・パート

↓

プランニング開始

↓

ラフ案を持って再度、社内主要関係者との面談
- 広報がどう貢献するか具体的に提示し意見を求める

↓

修正

↓

予算申請・確保

↓

プラン確定

↓

社内に報告・共有

↓

来年度・随時更新

069 プランニングを楽にする「スリーチャート方式」

　ここからは、年間の広報プランを立案する一連の流れをひとつ紹介する。主として図表3枚を用いるため「スリーチャート方式（Three chart method）」と呼ぶ。これは外資系企業の日本法人など、年間プランを立案する際に以下の3点が前提条件となる場合に最も適している。その条件とは、①広報担当者が本社あるいは地域本社、日本支社長から（日本市場の）広報プランの立案を任される立場にある、②来年度の事業戦略がほぼ決められている、③予算は広報担当者が設定し要求する、の3つだ。これらの条件に当てはまれば、どんな会社でも有効な手法のひとつとなるだろう。

　年間広報プランを立案する条件は各社まちまちだ。本社から計画を示され連動して行なうことが決まっている、予算が非常に限定されている、何らかの理由でローキーを維持せざるを得ない、ということもあるだろう。

　このスリーチャート方式はすべての会社に当てはまるものではない。しかし、上に挙げたような制約があっても、個々の広報活動を一連の流れの中に位置づけ、一定の方向性を持たせることには必ず役に立つはずだ。

　では早速その3枚の図表を見てみよう。右頁のサンプルがそれだ。

① 　チャート1

　現在のポジションAから目標点Bへの方向性を指し示すもの。このAからBへの右肩上がりの矢印が重要で、会社（事業・製品）の進むべき方向性をこれで表している。AからBに行くためのシナリオが戦略となる。

② 　チャート2

　左の三角はターゲットだ。上に行くほど人数が減る。これを層化して横に切っている。どのターゲットにどういった戦略で働きかけ、何を伝えるかを図示している。

③ 　チャート3

　戦略ごとに、具体的な活動を四半期（月）ごとに振り分けている。どういった戦略の元に、いつ何をするのかがひと目で分かる。

Ⅳ 年間広報プランを立てる

プランニングのための3つのチャート

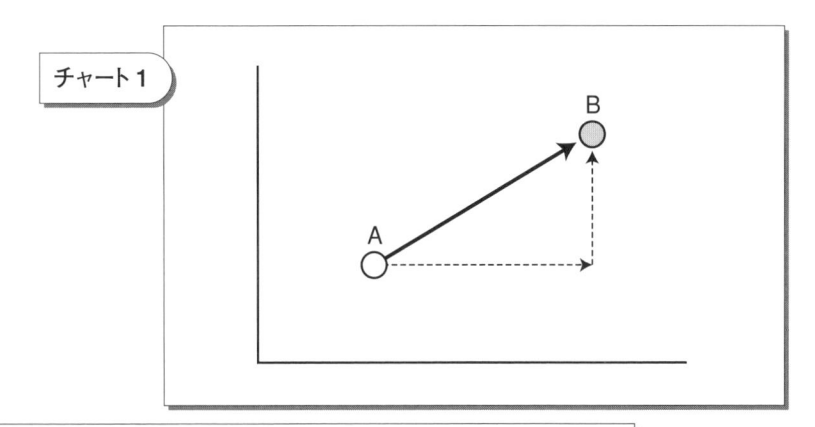

チャート1

(図：A点からB点へのベクトル図)

チャート2

縦軸：よく知られている 大型／高額 ↑↓ 小型／低額 まだ知られていない

顧客／広報上ターゲット	キーワード	戦略
J社をよく知るヘビーユーザー（行政・競合）	「サプライチェーンのソリューション・プロバイダー」「グローバルスタンダード」「規制緩和」	インフラ整備(ITシステム投資)／商品戦略
定期的あるいは不定期だがよく利用するユーザー	「より身近な集荷受付」「より早く配達」	商品戦略／インフラ整備(自社集配網整備)
まだサービスを使ったことがない、あるいは単発の経験で終わっている潜在ユーザー	「世界最大の国際貨物輸送会社(だから安心・確実)」	価格戦略＋コア・バリュー

チャート3

戦略	Q1	Q2	Q3	Q4
インフラ整備(ITシステム投資)／商品戦略	四半期決算FY02本決算設備投資サービス向上発表	四半期決算ケーススタディ(大阪)ケーススタディ(名古屋)	四半期決算中間決算CFOインタビュー(東京)	四半期決算CFOインタビュー(US)
商品戦略／インフラ整備(自社集配網整備)	ITセミナー(東京)新サービスリリース名古屋・広島拡大リリース	FAMトリップ(SIN)新サービスリリース神戸・福岡拡大リリース	ITセミナー(大阪)新サービスリリース京都・大宮拡大リリース	FAMトリップ(US)新サービスリリース仙台・千葉拡大リリース
価格戦略＋コア・バリュー	フォトコンテスト(募集)価格改定リリースメディアラウンドテーブル	キャンペーンリリース顧客セミナー(福岡)価格改定リリース	フォトコンテスト(募集)夏休み空港イベントメディアラウンドテーブル	顧客セミナー(仙台)価格改定リリース記者懇談会

070 目的と目標の設定
（チャート1–1）

どんな会社であれ、組織・個人であれ、何事かを成し遂げ、成長していこうという進路＝右肩上がりの線を有している。チャート1はそれを単純に図示したものだ。今、自分の会社（組織）がどういう方向に進んでいるのか、それを真っ先に把握しよう。

A点は架空の貨物輸送会社J社の現在のポジションだ。J社は日本ではまだまだ認知度が低いが世界最大の貨物輸送会社で、業績もいい。しかしこのチャートではA点を必ず左下に打つ。いきなりチャートの右上に打ってはならない。現状がどんなに良くても、A点はスタート地点なので左下にする。B点はJ社が目標とするゴールだ。数年内に日本でナンバーワンの国際航空貨物輸送会社となることを目指している。

J社は現地点Aから目標点Bへ行くために、①国内での事業インフラの整備（物流網とIT投資）、②価格戦略（低価格化）、③商品戦略（世界的に好評な新サービスの日本導入）という戦略をとる。

そこでJ社の広報担当者は「まず当社を知ってもらう必要がある」と仮定し、企業イメージ調査やマーケティング・リサーチ、メディア・オーディットを行った。その結果を元に日本法人社長と協議し、①ターゲットである荷主間におけるJ社の知名度向上、②競合他社との差別化、という広報活動の目的を定めた。そして来年度の広報目標を前年比10％の認知度向上、特に自社の強みについての認知度向上とした。

この例だと、A点は低い認知度によって導かれ、B点はJ社の認知度が10％向上した点となる。AからBへの方向性は「認知度向上と差別化」という目的を示している。そのための戦略が、①および②の矢印となる。同時に、A点はJ社の現在の市場でのポジションであり、B点はナンバーワン企業という目標でもある。AからBへの矢印は事業の成長であり、この成長を達成する事業戦略が①および②の矢印となる。

広報のプランを立てる際は、会社の方向性や、そこに到達するために何が

Ⅳ 年間広報プランを立てる

必要なのか、などを、このチャートを使って確認すると考えやすくなる。

チャート1

[A点, B点を示す図]

[A点から右肩上がりにB点へ向かう矢印の図。①は水平方向、②は垂直方向を示す]

> どんな会社でも、存在する以上、成長し向上しようとする右肩上がりの方向性を持っている

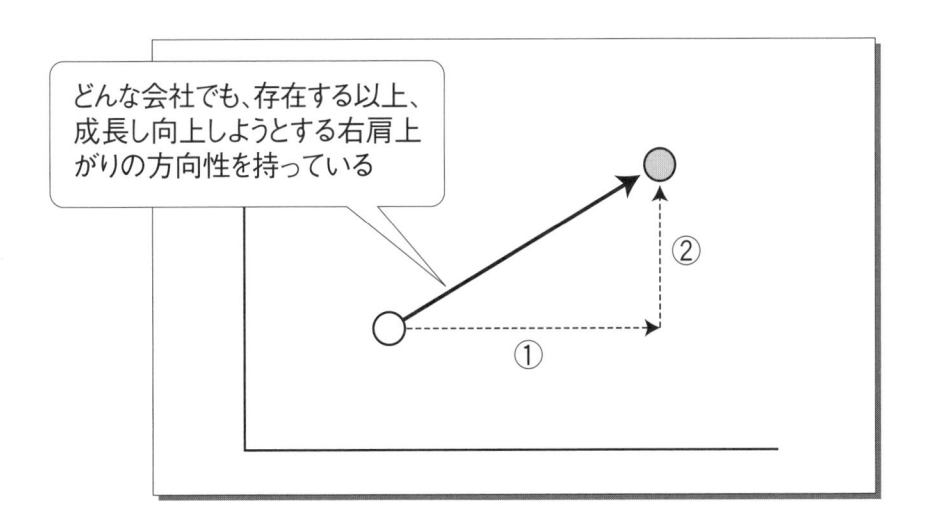

171

071 広報戦略の考え方
（チャート1-2）

　戦略という語には様々な定義があるが、ここでは「目的達成のために資源（人・モノ・金・情報）をどう有効に運用するかというシナリオ」の意味で使う。つまり、戦略には必ず、達成すべき目的が必要である。

　広報の目的をどこにおくか、によって広報戦略の考え方も変わってくる。この目的を、事業戦略の目的と重ねることができるなら、年間広報プランにおける「広報戦略」は、「事業戦略をサポートする＝広報戦略」とすることが可能だ。広報が事業戦略を重要なステークホルダーにコミュニケートすることで、事業目標の達成をサポートする。これを広報戦略とする考え方だ。この場合、前項のチャート1で示した①②の矢印を事業戦略と広報戦略で共有することになる。

　年間プランの広報戦略では、使える広報資源は限られてくる。突き詰めれば「重要なステークホルダーにコミュニケートする能力」ということになるだろう。実際これが事業戦略上も重要だし、他の部署から強く求められるものだ。であれば「事業戦略をサポートする＝広報戦略」とすれば、広報部内でも、他の部署からも、広報が何をするのかよく分かって実利的だ。

　では、「新製品発表」などの個別案件の広報戦略はどう考えるか。この場合は、個別インタビュー、記者会見、ニュースリリースなどの広報イベント（あるいはツール）を「戦略的に行なう（使用する）＝戦略的広報＝広報戦略」と考えたらいいだろう。戦略的広報と広報戦略は別物だが、個別案件で戦略を考えても、それは結局戦術に限りなく近づいていってしまう。

　なお、企業の広報戦略とは本来「中長期にわたって事業を健全に継続して行なうための環境づくり」をその目的とするシナリオであるべきだ。その戦略をもとに、「重要な関係者から理解され信頼を得る」活動や、「会社に対する"良い感情"を積み立ててもらう」活動が行なわれるのだ。個別案件や各年の広報プランが積み重なることで、この目的を達成するような、「大きな広報戦略」もしっかりと持っておきたい。

年間の広報戦略を考える際の参考例

戦略＝「目的達成のために資源（人・モノ・金・情報）を
どう有効に運用するかというシナリオ」

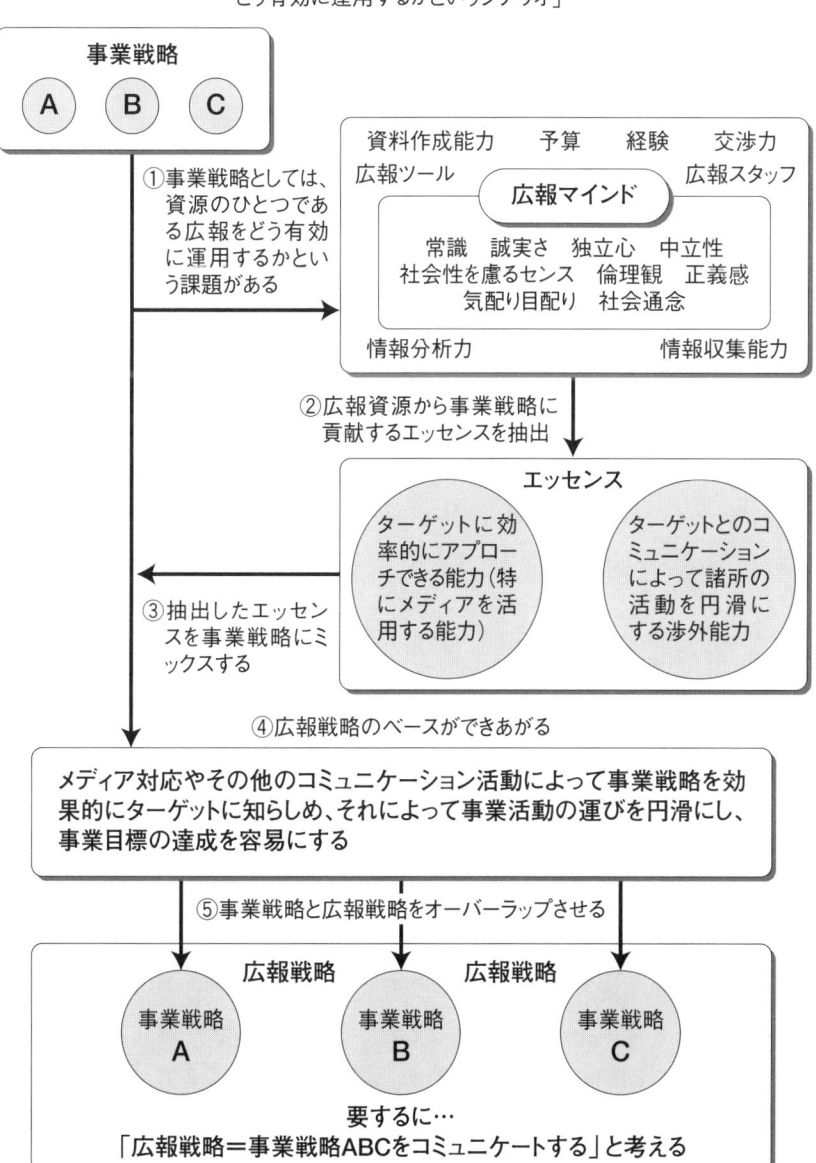

事業戦略
A　B　C

①事業戦略としては、資源のひとつである広報をどう有効に運用するかという課題がある

資料作成能力　予算　経験　交渉力
広報ツール　　　　　　　　広報スタッフ

広報マインド

常識　誠実さ　独立心　中立性
社会性を慮るセンス　倫理観　正義感
気配り目配り　社会通念

情報分析力　　　　　　　情報収集能力

②広報資源から事業戦略に貢献するエッセンスを抽出

エッセンス

- ターゲットに効率的にアプローチできる能力（特にメディアを活用する能力）
- ターゲットとのコミュニケーションによって諸所の活動を円滑にする渉外能力

③抽出したエッセンスを事業戦略にミックスする

④広報戦略のベースができあがる

メディア対応やその他のコミュニケーション活動によって事業戦略を効果的にターゲットに知らしめ、それによって事業活動の運びを円滑にし、事業目標の達成を容易にする

⑤事業戦略と広報戦略をオーバーラップさせる

広報戦略　　広報戦略
事業戦略A　事業戦略B　事業戦略C

要するに…
「広報戦略＝事業戦略ABCをコミュニケートする」と考える

072 ターゲットを切り取る
（チャート 2–1）

　広報の基本は対象に迫っていくことだと繰り返し述べているが、やはり年間プランでもターゲットは重要だ。複数のステークホルダーの中でも、特に来年度重視するターゲットを特定し、そこを向いて活動していくようなプランを作らなければならない。

　J社の例に戻ろう。J社は認知度向上と差別化を広報活動の目的としている。主たる対象は荷主であり販売促進に近い商品広報（マーケティング・コミュニケーション）とも言える。しかし、国際物流は国土交通省や財務省（税関）の監督を受ける業種であり、業界他社も広報上のターゲットとして重要だ。

　そこでJ社ではターゲットを次のように分けた。①ローエンド：まだサービスを使ったことがない、あるいは単発の経験で終わっている潜在ユーザー、②ミドルクラス：定期的あるいは不定期だがよく利用するユーザー、③ハイエンド：J社をよく知るヘビーユーザーと行政の担当者、競合他社。

　こうやってターゲットを切り分けたら、差別化を図りつつ認知度を上げていくには、それぞれにどういったキーワード（戦略から導き出したもの）が適当なのか検討する。ローエンドのターゲットにいきなり専門的なサービスの話をしても分かってもらえないかもしれない。ハイエンドのターゲットには、いかにグローバルスタンダードのサービスを提供できるか、といったことを主張するといいかもしれない、というように。

　この時、来年度の事業戦略にはのぼっていないキーワードも考慮しよう。つまり、J社で言うところの世界最大の国際航空貨物輸送会社、国際輸送の専門家など、単年度あるいは中長期で見ても変わることのない、いわゆるコア・バリューがそのキーワードになる。こういったコア・バリューはすべてのターゲットに向かって常に知らしめ、理解を得ていく必要があるが、特にこのバリューを伝えるべき相手が誰なのか、ここできっちりと検討しておきたい。

ターゲットを切り取り、キーワードを当て込む

①層化する

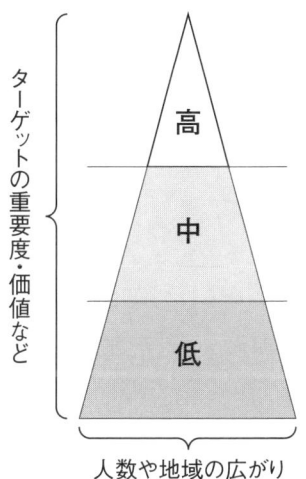

ターゲットの重要度・価値など

高
中
低

人数や地域の広がり

②各層に伝えるキーワードを事業戦略から抽出する

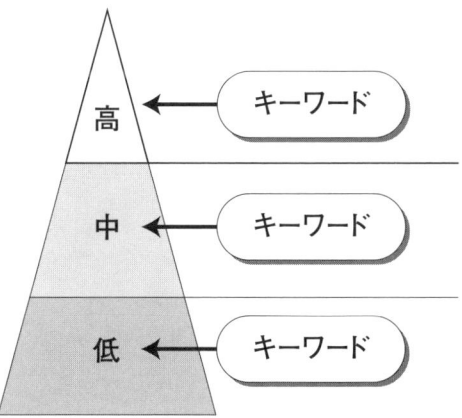

高 ← キーワード
中 ← キーワード
低 ← キーワード

③対応する事業戦略を加える

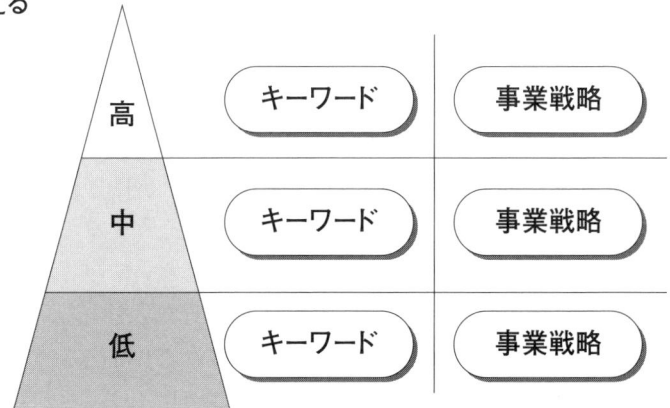

	キーワード	事業戦略
高	キーワード	事業戦略
中	キーワード	事業戦略
低	キーワード	事業戦略

073 キーワードは常にターゲット側の視点で（チャート2–2）

　戦略からキーワードを導き出すにはちょっとしたことだがコツがある。発想を自社の論理から、ターゲットの論理に切り替えるのだ。J社の戦略のひとつ、インフラ整備というのはそのままではキーワードになりにくい。なぜならインフラ整備というのは社内の言い方であって、社外の人には関係ないからだ。そもそもインフラ整備とは何を指しているのかも分からない。そこで、インフラ整備によって、ターゲットとなる人たちに何がもたらされるか、そちらの視点でキーワード化するといい。例えばインフラ整備の意味するところが、ITシステムの導入によって事務処理速度を倍にしたり、貨物の集配網を全国の主要都市に広げるということであれば、「より早くお届けします」「これからはいつでもすぐに駆けつけます」といったキーワードが分かりやすい。

　J社の例では、3つに分けたターゲットそれぞれに戦略とキーワードを当てはめると以下のようになる。

① 　ローエンド：価格戦略＋コア・バリュー
　　キーワード　「世界最大の国際貨物輸送会社（だから安心・確実）」
② 　ミドルクラス：商品戦略／インフラ整備（自社集配網整備）
　　キーワード　「より身近な集荷受付」「より早く配達」
③ 　ハイエンド：インフラ整備（ITシステム投資）＋コア・バリュー
　　キーワード　「サプライチェーンのソリューション・プロバイダー」
　　　　　　　　「グローバルスタンダード」「規制緩和」

　なお、年間広報プランは資料としてはあくまで社内向けのものだが、キーワードは外を向いた言葉で表現しておくといい。そうすることで、この広報プランによってターゲットにどんな理解をしてもらい、そこからどういったアクションを期待するのか、広報部内外の人と共有しやすくなるからだ。

　また、このキーワードは当然パブリシティに含まれて然るべきものとなる。このプランに基づく広報活動を評価する時、このキーワードがどれだけ記事

に反映されたか、ということもひとつの指標となるだろう。

キーワードをターゲットの視点に変換する

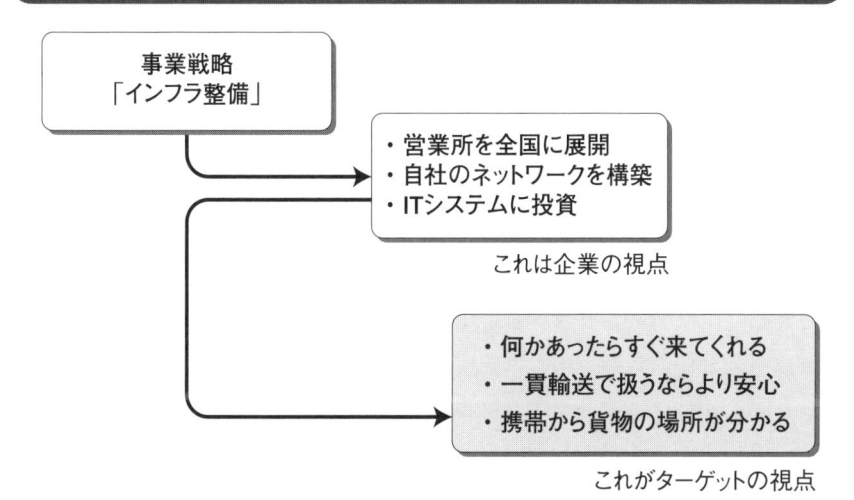

事業戦略
「インフラ整備」

・営業所を全国に展開
・自社のネットワークを構築
・ITシステムに投資

これは企業の視点

・何かあったらすぐ来てくれる
・一貫輸送で扱うならより安心
・携帯から貨物の場所が分かる

これがターゲットの視点

チャート2

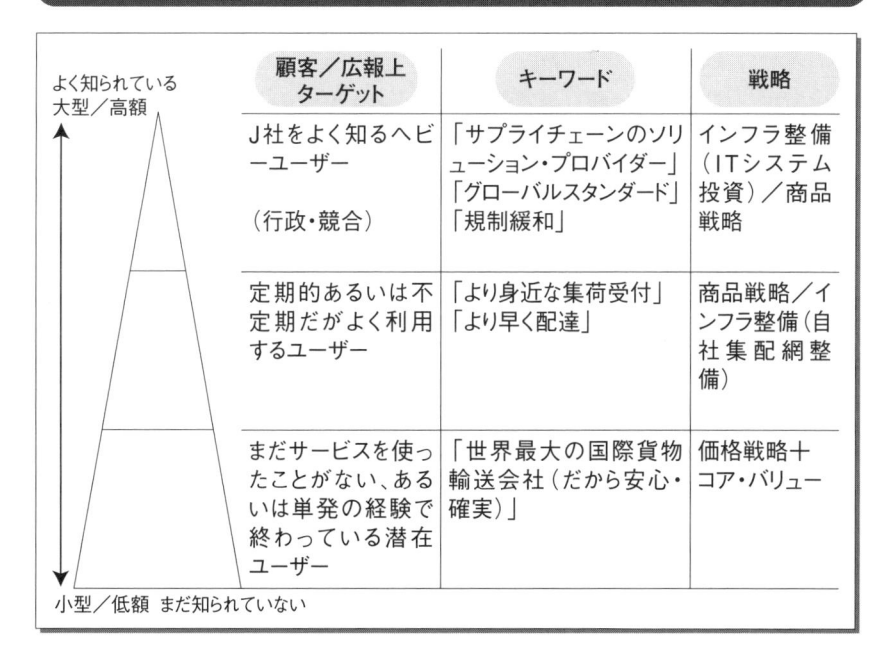

	顧客／広報上ターゲット	キーワード	戦略
よく知られている大型／高額 ↑	J社をよく知るヘビーユーザー（行政・競合）	「サプライチェーンのソリューション・プロバイダー」「グローバルスタンダード」「規制緩和」	インフラ整備（ITシステム投資）／商品戦略
	定期的あるいは不定期だがよく利用するユーザー	「より身近な集荷受付」「より早く配達」	商品戦略／インフラ整備（自社集配網整備）
↓ 小型／低額 まだ知られていない	まだサービスを使ったことがない、あるいは単発の経験で終わっている潜在ユーザー	「世界最大の国際貨物輸送会社（だから安心・確実）」	価格戦略＋コア・バリュー

074 アクションプラン
～企画案の100本出し

　アクションプランは広報案件の一部だが、ここでは社内に転がっている発表ネタとは切り分け、戦略に基づいて意識的に仕掛ける活動を「アクションプラン」と称している。

　例えば055項で取り上げた記者懇談会や058項のメディアツアーなどがそうだし、募集モノなどのイベントも代表的なアクションプランだ。

　こうしたアクションプランは継続して行なうほど効果があるものもあれば、時には（会社が大きな方向転換をする時など）世間の耳目を集めるような、あっと驚くイベントであったりすることもある。

　ここではアイディア出しのコツについて、3つほど述べよう。

① 　企画100本のネタ帳を作っておこう

　必要時に慌てて考えてもいい案が浮かばないかもしれない。いつアイディアが必要になってもいいように、ふと思いついた案を、いつもメモ帳に記録しておこう。また別の企画のために行なったブレイン・ストーミング（ブレスト）でボツになった企画も書き留めておくといい。企画のアイディアが100もストックされていれば、いつか当たる企画に育つこともある。

② 　誤ったブレストで時間を無駄にしない

　ブレストは企画会議に集まった人がめいめい勝手にアイディアを出し合い、書記が記録していくものだ。よくある間違いは、人の企画について誉めたり反対したりしてしまうことだ。これは自由な発想をできるだけ多く引き出すブレストの目的を損なう。人のアイディアに意見しているとどこかでひとつの意見に集約され、ほぼ全員がそこに凝り固まってしまう危険もある。

③ 　ちょっと変わったアイディア捻出法

　ある人は全く関係のないジャンルの雑誌を山積みにして頁をめくっていったり、ある人は東京の山手線に乗ってぐるぐる回ると名案が浮かぶという。映画を観たり会社の周りを散歩したり、煮詰まったら目先の変わったことをして、新鮮な感覚を取り戻すといいようだ。

Ⅳ 年間広報プランを立てる

ターゲットごとにアクションプランを立てていく

高	キーワード	事業戦略	アクションプラン
中	キーワード	事業戦略	アクションプラン
低	キーワード	事業戦略	アクションプラン

すでに決まっている来年度の予定をまずは戦略ごとにスケジュールしてみる

チャート3

戦　略	Q1	Q2	Q3	Q4
インフラ整備（ITシステム投資）／商品戦略	四半期決算 FY02本決算	四半期決算	四半期決算 中間決算	四半期決算
商品戦略／インフラ整備（自社集配網整備）	新サービスリリース 名古屋・広島拡大リリース	神戸・福岡拡大リリース	京都・大宮拡大リリース	
価格戦略＋コア・バリュー	価格改定リリース	キャンペーンリリース 価格改定リリース		

179

075 スケジューリングと予算管理 (チャート3)

　さていよいよチャート3だ。3つのターゲットごとに設定した戦略を左に書き込み、その傘の下に入るアクションプランを年間のスケジュールに落とし込んでいく。

　発売時期が決まっている新製品や組織改変など、どうしてもこの時期でないと実施できないものなどはまず先に書き込んでしまおう。定期的な人事異動や決算発表など、わざわざキーワードの下に入れて戦略的に見せるのが不自然なものは、企業広報など別に枠を設けて入れるといい。

　またJ社の例に戻れば、来年度はインフラ整備と価格戦略、商品戦略をとることが決まっている。この方針を、年初でしっかりと記者に伝えたいものだ。どれが先でもいいが、この戦略に沿った発表案件があれば、それと一緒に戦略も記者会見もしくはメディアラウンドテーブル形式で発表し、流れを印象づけておきたい。あるいは期中に大型の新サービスが登場する予定であれば、その登場をピークに持ってくるような、事前の盛り上げも効果的だ。その投入以前にも会見やイベントがあるだろうから、そういった機会を捉えて新サービスについて少しずつ説明していくといい。記者は否が応にも会社の勢いを感じるし、期待も膨らませるだろう。

　アクションプランによっては、ある季節や特定の日時を狙って実施すると露出につながりやすいものがある（045項参照）。あるいは8月のお盆時期は企業活動が停滞するため、新聞の経済面はいわゆる記事枯れとなる。こうした時期を狙って記者向けの勉強会やトップインタビューを仕掛けると成果が出やすい。また雑誌はお盆や年末年始の前は特別進行で編集のタイミングが前倒しされるので、この時期に記事を獲得したかったら早めに動けるよう計画する。

　後は予算をどう配分するかだ。会社によっては当初予定されていた予算も、下期に業績次第でカットされることもあるだろう。そうした場合、お金のかかるイベントは年度初めに持ってくるのもひとつの手だ。

スケジューリング

動かせないイベントとのバランスを見ながら、
以下の2軸に考慮してアクションプランを配置しよう

戦略軸 → 事業戦略に沿って戦略的にアクションを配置していく
- インフラの整備
- 新サービス導入
- 営業攻勢

時節軸 → 年中の時節に配慮してスケジューリング
- 予算の自由が利きやすい時期
- 記事枯れ
- 来年度の準備

戦略	Q1	Q2	Q3	Q4
インフラ整備（ITシステム投資）／商品戦略	四半期決算 FY02本決算 設備投資 サービス 向上発表	四半期決算 ケーススタディ （大阪） ケーススタディ （名古屋）	四半期決算 中間決算 CFO インタビュー （東京）	四半期決算 CFO インタビュー （US）
商品戦略／インフラ整備（自社集配網整備）	ITセミナー （東京） 新サービス リリース 名古屋・広島 拡大リリース	FAMトリップ （SIN） 新サービス リリース 神戸・福岡 拡大リリース	ITセミナー （大阪） 新サービス リリース 京都・大宮 拡大リリース	FAMトリップ （US） 新サービス リリース 仙台・千葉 拡大リリース
価格戦略＋コア・バリュー	フォトコンテスト （募集） 価格改定 リリース メディアラウンド テーブル	キャンペーン リリース 顧客セミナー （福岡） 価格改定 リリース	フォトコンテスト （募集） 夏休み空港 イベント メディアラウンド テーブル	顧客セミナー （仙台） 価格改定 リリース 記者懇談会

コラム 3

CSR と広報

「CSR (Corporate Social Responsibility)とは、一般的に、法令遵守、消費者保護、環境保護、労働、人権尊重、地域貢献など純粋に財務的な活動以外の分野において、企業が持続的な発展を目的として行う自主的取組と解されている」(「企業の社会的責任（CSR）を取り巻く現状について」経済産業省 2004 年)

　日本で CSR という言葉が急速に普及したのは 2003 年のことで、そのためこの年は「CSR 元年」と言われています。2001 年に米エンロンの不正会計事件が起こり「コーポレートガバナンス」が、その前後に相次いだ食肉偽装や集団食中毒事件などで「コンプライアンス」がそれぞれ叫ばれ、「地球温暖化」への対応も喫緊の課題として迫られるようになりました。これらの伏線が絡まり合って CSR が強く意識されだし、この頃から CSR 部を設置する企業が増えてきました。
　こうした経緯もあって、いわゆる日本型 CSR はコーポレートガバナンスやコンプライアンス、環境への配慮、社会貢献などの側面が強いと言われます。これに対し、欧州型 CSR は、財政的に弱まった政府に代わり企業が環境や社会の問題に対応するといった考え方が主で、コンプライアンスは当然の前提だと言います。米国型では、コンプライアンスも CSR の重要な一つと位置づけつつ、企業による社会への貢献が重視されているのが特徴と言われています。
　CSR はその名前の通り、企業が社会的責任を果たしていく、というこ

COLUMN 3

とですが、社会に対する責任をどうとらえるかで、微妙に受け止め方、解釈の差が出てきます。そのため、今や多くの日本企業が自社ホームページやCSRレポートなどで「その企業としてのCSR」を詳しく紹介しています。それらを見ていくと、やはり企業によって環境や人材育成、社会貢献にコンプライアンスなど、少しずつ軸足が異なっていることが分かります。

　筆者がCSRという言葉に接したのも、恐らく2003年前後ではなかったかと思います。その時の印象を今でも覚えていますが、それは「なんだ、CSRって要するに広報じゃないか」というものでした。CSRがステークホルダーと良好な関係構築を図ることで、持続可能な社会の実現に貢献するというなら、それこそ広報（むしろ日本語ではなく英語のPublic Relations）そのものです。しかし世の中ではこれを広報とはまた別の捉え方をして、広報部ではなくCSR部を創設して取り組み始めたのを傍観し、奇異な印象を強めた記憶があります。実は今もその思いはぬぐえていませんが、これは日本において広報の理解が、マスコミ対応や社内広報といった側面に限定されているためでもあるように思います。もっとも、多くの企業の広報部からは、今CSR部がやっている業務を「これも広報だから」と持ってこられても、とても回らないよ！という声が聞こえてきそうですが。

V

不祥事や危機に備える

広報100のテクニック
076-089

対外広報の重要な役割にクライシス・コミュニケーションがある。これは危機対応の広報活動という意味だが、実際大切なのは何も起こっていない時期、つまり平時のうちに有事の準備をしておくことだ。一度不祥事が起ればその会社のホームページにはアクセスが集中し、お客様相談室や代表にも問い合わせや批判の電話が殺到する。営業は顧客対応、他の部署でもそれぞれ自治体や警察などへの対応におおわらわ。あちこちから広報に対外コメントを要求してくる。しかし広報も記者対応で手一杯…。こうした状況下を想定した準備や実際の対応方法とはどういうものか、早速見ていこう。

076 広報こそ「企業の最後の良心」

どんな会社も、不祥事を起こしたり、事件事故に関与することが全くない、ということはないだろう。危機管理に関連して、広報はどういった役割を果たすことができるのだろうか。それには大きく分けて以下の3つがある。

① 対外および社内コミュニケーション

直接メディアなど外部からの問い合わせに応じるほか、外部への説明責任を持つ部署・人のために、会社としての説明文を用意する必要がある。また危機対応時は社員を味方につけることが非常に重要である。有事の際こそ社内コミュニケーションをおろそかにしてはならない。

② 準備

危機の予防と効果的な管理を目的とした体制作りには積極的に参画したい。いざという時に広報が情報の中心にいない体制では機能しない。このほかスポークスパーソンのトレーニングやクライシス・コミュニケーション・マニュアルの作成も広報の仕事となるのが一般的だ。

③ チェックと抑止機能

広報は「企業の最後の良心」だ。あるメーカーでは顧客に納入しすでに使用された製品の品質に異常を発見した。機能的には問題がないことを研究機関が証明したが、これを顧客に伝えるか否か、判断の場に立たされた。事業部トップはリコールの可能性を指摘し、それが現実的に不可能なこと、そのコストが莫大になることを理由に反対した。曰く「使用に問題はない」と。社長は広報役員にも相談した。広報役員は「これを隠していることが社会に知れれば、その損害はもっと大きい」とし、顧客に説明することを主張した。社長は正直迷っていたが、この広報の一言で説明を決断した。

広報はトップ直結であるべきだ。それは重要な、生き残りがかかる判断の場において、経営者の判断をチェックし、時に企業のエゴや独善を抑止する機能を有しているからだ。

広報担当者は、「誰かが止めてくれるだろう」ではなく、自分が「最後の

良心」を担っているという気概を持ちたい。「最後の」とは、「ここで目をつぶればこの会社は堕ちる所まで堕ちてしまう」という意味である。

危機管理における広報の3大機能

- 対外および社内コミュニケーション
- 平時からの準備
- チェックと抑止

リスクとクライシス

リスク　危機的状況をもたらす恐れがあるが、まだ現実化していない不確実要因

クライシス　リスクが現実化しその対応が迫られる緊急事態

もうひとつ重要なこと

"往々にしてリスクとクライシスの境界は分からない"
→知らず知らずのうちに大きくなるリスクに注意

077 危機管理とクライシス・コミュニケーション

　佐々淳行氏は米国で形作られたCrisis management（クライシス・マネジメント）という研究を日本に紹介したことで有名だが、氏はこれに危機管理という訳語を与えている。一方で同じ危機管理という訳語を持つ英語に、Risk management（リスク・マネジメント）というものがある。リスクは「発生の予測が確実視できないネガティブな要因」といったニュアンスを持つ。そのため、クライシス・マネジメントとリスク・マネジメントでは、後者の方がより未然防止に比重を置いた使われ方をしている。

　広報の世界では、こういったリスクやクライシスに関わるコミュニケーションをクライシス・コミュニケーションと呼ぶ。クライシス・コミュニケーションは、危機管理のひとつの機能だ。広報責任者が会社の危機管理のリーダーに任命されたが、結局クライシス・コミュニケーションしかできなかった、という話を聞くが、もっともだろう。

　危機管理は、事業の存続を危うくするリスクを最大限担保し、予防や代替策を講じることであって、組織・体制をどうするか、どこにどれだけ金を投資するか、という経営の問題だ。これに付随し、こうした対策を円滑に実施し、ダメージを極力抑えようとするものが、クライシス・コミュニケーションなのである。広報責任者がいくら優秀でも、丸投げにされたところで危機管理全部はまずできないことを、経営トップは知るべきだろう。

　佐々氏は著書『危機管理のノウハウPART１』（PHP文庫）のなかで危機管理を、①危機の予測及び予知（情報活動）、②危機の防止または回避、③危機の対処と拡大防止（Crisis Control）、④危機の再発防止、という４段階に分けている。これに即して広報の仕事＝クライシス・コミュニケーションを考えると右頁のようになる。

　なお、会社が危機管理に取り組んでいないためクライシス・コミュニケーションも進められない、ということはない。危機はいつ襲ってくるか分からない。できることはいくらでもある。それをこの後、順に解説しよう。

危機管理とクライシス・コミュニケーションの4段階

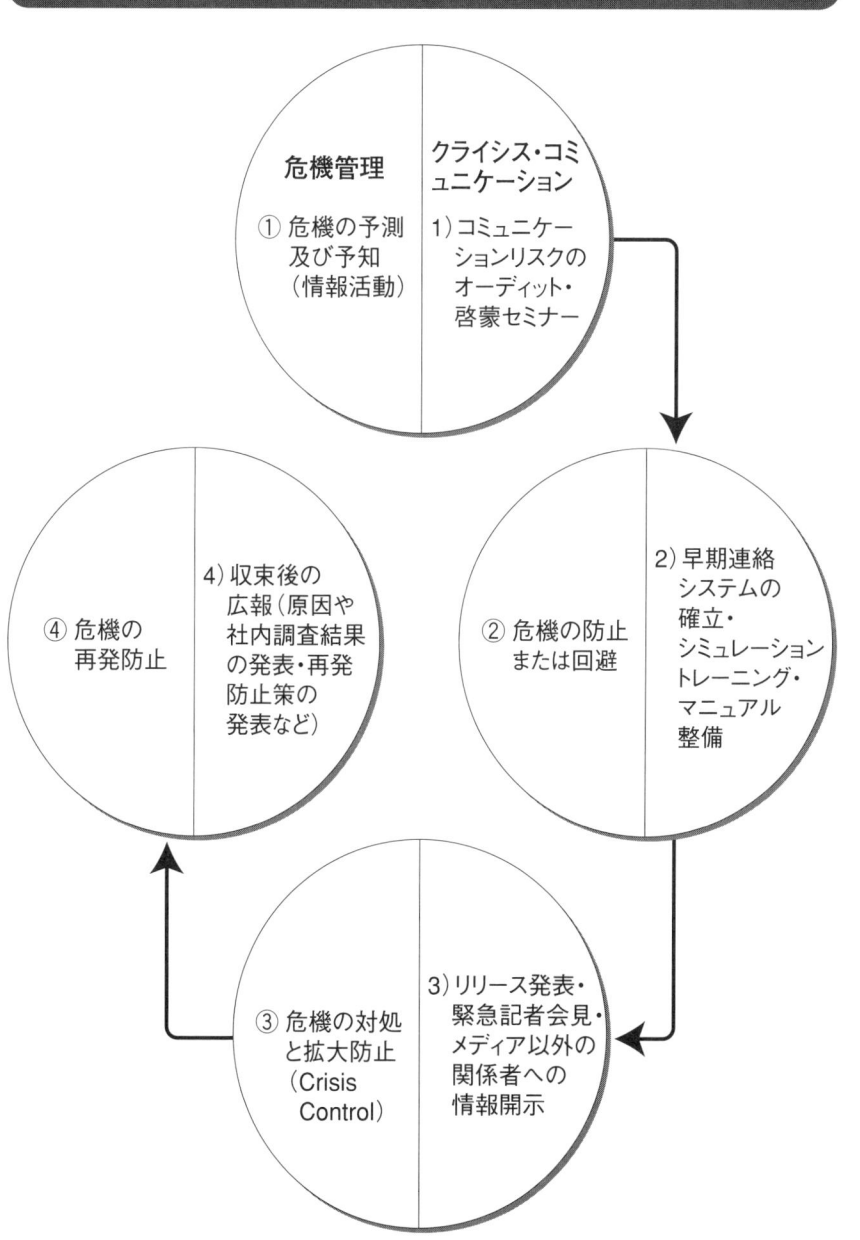

危機管理
① 危機の予測及び予知（情報活動）
② 危機の防止または回避
③ 危機の対処と拡大防止（Crisis Control）
④ 危機の再発防止

クライシス・コミュニケーション
1）コミュニケーションリスクのオーディット・啓蒙セミナー
2）早期連絡システムの確立・シミュレーショントレーニング・マニュアル整備
3）リリース発表・緊急記者会見・メディア以外の関係者への情報開示
4）収束後の広報（原因や社内調査結果の発表・再発防止策の発表など）

078 社員の自損事故を深夜にトップに伝えるか

　毎日事業を行なっていれば、どこかでトラブル（＝顕在化したリスク、クライシスあるいはクライシスの種）は起こるものだ。社員が交通事故を起こした、製品の風味に異常があった、会社宛に脅迫状が届いた、国税局から調べを受けた、クレームが急に増えた、など大小様々な事件事故に見舞われる。

　こういったトラブルが発生するのは常に現場だ。どんなトラブルにも必ず現場がある。その現場は往々にして、広報や経営トップから離れたところにあるものなのだ。発生現場からは報告が上がってきても、事業部内で処理しようとして、それ以上外へ出ないこともある。「もっと早くこのことを知っていたら」――謝罪会見に臨む前にトップがよく漏らす一言だ。

　どんなレベルのトラブルをどのタイミングで、上長なり、危機管理の担当者に伝えるか、そこが決まっていないと連絡がおろそかになり遅れも出る。

　それを防ぐには、会社として何をリスクとし、何をクライシスとするのか、決めておくといい。そうすれば、その程度や発生からの時間で緊急性が決まる。緊急性のレベルに応じ、報告先とタイミングを規定すればいいわけだ。こういった決まり事を作っておけば、土曜日の深夜でも社長の自宅に電話がしやすくなる。

　しかし緊急性の判断とそれに応じた報告のシステムを作っても、実際にそれが使われなくては意味がない。繰り返すが、トラブルが発生するのは常に現場であって、このシステムを考えた人たちから離れた場所なのだ。

　そのために重要になってくるのが、社内の啓蒙活動と研修、それに訓練だ。社内研修を広報の仕事としている会社もあるが、人事や総務の管轄であっても好都合だ。まずは彼らを広報の立場から啓蒙し研修して、クライシス・コミュニケーションに巻き込んでいけば、社内体制も整えやすい。

　現場にトラブル報告の義務や仕組みを徹底するには、トップ自らがまずその意義を語りかけ、すぐに職場単位でその長が部員に説明する、という方法が効果的だ。また年に一度は抜き打ちで、連絡がきちんと回るか訓練するこ

Ⅴ 不祥事や危機に備える

とを勧めたい。

危機を拡大する「緊急連絡が上手くいかない理由」

①何が連絡に値する大事かが分からない
②それをどの程度の緊急性で伝えればいいのか分からない
③連絡を受けたところでどうしたらいいのか分からない

↓

早期連絡システムの欠如

早期連絡システムとは

- リスクとクライシスを具体的に提示
- 緊急性のレベルの判断フローを設定
- 緊急性のレベルに応じたアクションの設定
- 連絡方法と連絡手段の設定

↓

巻末に、緊急性レベルの判断に使用するフローチャートと緊急性レベルごとの行動チャート例を収録

079 何はなくともQ&Aとホールディング・ステートメント

　前項で挙げたようなトラブルが発生し、それが首尾よく広報に知らされたとしよう。正確な情報収集や広報から伝えるべき関係各所への連絡と同じく優先順位を上げて行ないたいのが、ホールディング・ステートメントと想定問答の作成だ。

　ホールディング・ステートメント（Holding statement）は読んで字のごとく、聞かれるまで（必要になるまで）ホールド、つまりただ持っている発表文のことだ。公式見解（統一見解）と言ってもいいが、受動的に、求めがあったら外に出すもの、と理解しよう。またこういった見解を文章で用意するのは、法務など他部署の了解を得ておく必要があるためでもある。

　例えば、ある会社の地方の営業社員が顧客に儲け話を持ちかけて不当に資金を集めたことが分かり、解雇された。その後警察に逮捕されたが、その場合「当社の元社員が逮捕されるという事態は遺憾です」などと積極的にコメントして回ることはない。しかし社内に説明する必要がある場合もあるし、主要な警察署には各社の社会部記者が出入りしているので、聞きつけた記者から問い合わせが入ることも十分考えられる。大きな警察署では、昨晩どういった事件があったか、毎朝クラブの記者にまとめて報告している。つまりこちらから言わなくても記者から取材される可能性はあり、その時会社としての見解を伝えなければならない。

　記者がもし営業所などに問い合わせてきても、すべて広報に回してもらって広報担当者が対応しよう。これは平時でも重要なことだが、外部から記者（あるいはよく知らない人）から事件事故について問い合わせが入ったら、広報に回すよう徹底しておこう。また広報の中でも、なるべく一人の広報担当者がすべて答えるようにしたい。

　なお、現場が離れている場合、現地の記者の方が情報を持っている場合がある。その場合でも記者の情報に惑わされず、社内で確認され公表してよしとなったこと（＝ステートメントと想定問答）だけを伝えることが肝要だ。

ホールディング・ステートメントの例

事故の第一報を受けた直後の場合

「本日○月○日○時○分頃、(場所)にて(爆発／火災／崩落など)が起こったという報告を受けています。現場の詳しい状況や負傷者の有無などは現在確認中です。(原因も全く分かっておりません。)当社といたしましては近隣の住民の皆様と従業員の安全確保を第一に、当局と共に初期対応に努めています。今後詳しい情報が入り次第、発表します」

出荷した製品の品質に問題があり自主回収を検討している場合

「その件につきまして、現在当社にお客様からお問い合わせをいただいているのは事実です。現在、鋭意調査を進めております。当社は常に、品質には万全を期しておりますが、今回の件も早急に、お客様の信頼を最優先に対応していく所存です」

製品に異物を混入したと脅迫状が届いた場合

「○月○日に当社製品(製品名)に毒物を混入したとの手紙を本社で受け取っております。当社では警察当局に届けると共に、全国の小売店様に注意を喚起し、可能な限り弊社社員も検査に回っております。当社ではお客様の安全を最優先としつつ、こうした犯罪行為には断固として屈せず、毅然とした対応を取っていく方針です」

社員が私的行為で逮捕されたという第一報を受けた直後の場合

「お問い合わせの件につきましては、ただ今当社でも事実関係を確認しておりますが、誠に遺憾とするところです。当局が取調べ中ですので(起訴された場合は「裁判に影響するので」)、これ以上のコメントは差し控えさせていただきます」

社員が贈収賄容疑で地検の取調べを受けた直後の場合

「本日○月○日○時○分頃、当社社員が○○地検による取調べを受けたこと(できれば；お問い合わせの件)は事実です。当社ではただ今、関係者への事実確認を急ぐと共に、当局の捜査に全面的に協力しています。当社ではコンプライアンスの徹底を最優先としておりますので、誠に遺憾とするところです」

社員が職務中の交通事故(自損)で亡くなった場合

「○日○時○分頃、当社社員が(住所)で交通事故により亡くなられました。(家族への連絡後に限り)亡くなられたのは(所属、役職、氏名)で勤続○年の社員です。非常に残念でなりません。慎んで哀悼の意を表します(冥福などは宗教・宗派によるので使わない。)当社は交通安全を最優先として参りましたが、今後さらに指導を徹底していく所存です」

080 クライシス・コミュニケーションの組織と役割

　有事の際に対応を決定する機関を社内に設けている会社も多い。危機管理委員会、危機対策本部など呼び名は様々だが、ここではCMT(Crisis Management Team)と呼ぶ。総じてこのCMTの役割は、①有事の際に情報を収集する、②迅速な意思決定を行なう、というものだ。

　CMTに社長などトップが入らない場合は、社長が意思決定しやすいよう情報を整理したり、CMTとしての対策案を立案し提出することが主たる役割となる。もっともCMTではなるべく社長か、それに近い経営陣を責任者に置きたい。メンバーとしては総務、法務、広報などが入ることが多い。クライシスの内容によっては営業や人事、開発なども加わることがある。CMTは急を要する意思決定をその場でしなければならないため、危機状況で大きな役割を担う部署の責任者が集まっていなくては機能しないのだ。

　この他に、平時から危機管理に関する事務局機能を担わせる場合もある。その役割は、①平時の社内啓蒙活動、リスクのアセスメント、その予防策立案に関する主管部署へのヘルプ、②クライシス・コミュニケーション・マニュアルの作成・更新、③研修やトレーニングの監修、などが一般的である。なお、この事務局は、総務や広報、経営企画、秘書室などのいずれかの部署が担当して責任の所在を明確にし、部内に専任者を置くのが理想的だ。

　広報はこのCMTの中で、ニュースリリースや想定問答の作成、記者との電話応対、記者会見の準備といったメディア対応や、従業員に現状を知らせるための社内コミュニケーションを主として担う。社会的、道義的見地から、意思決定に参画し、チェックと抑止という役割も果たすべきだ。

　CMTが実際に危機対応を行なう際は、緊急対策本部を設置する。右頁はひとつの参考例だが、その人員配置と役割だ。情報収集と整理を担当する部屋（センター）と、意思決定者が落ち着いて対策を練る部屋（対策室）とを分けるのは、欧米に多いやり方だ。シミュレーション・トレーニングなど研修を重ねて、それぞれの組織で一番フィットする形にしていくといいだろう。

緊急対策本部のレイアウト（例）

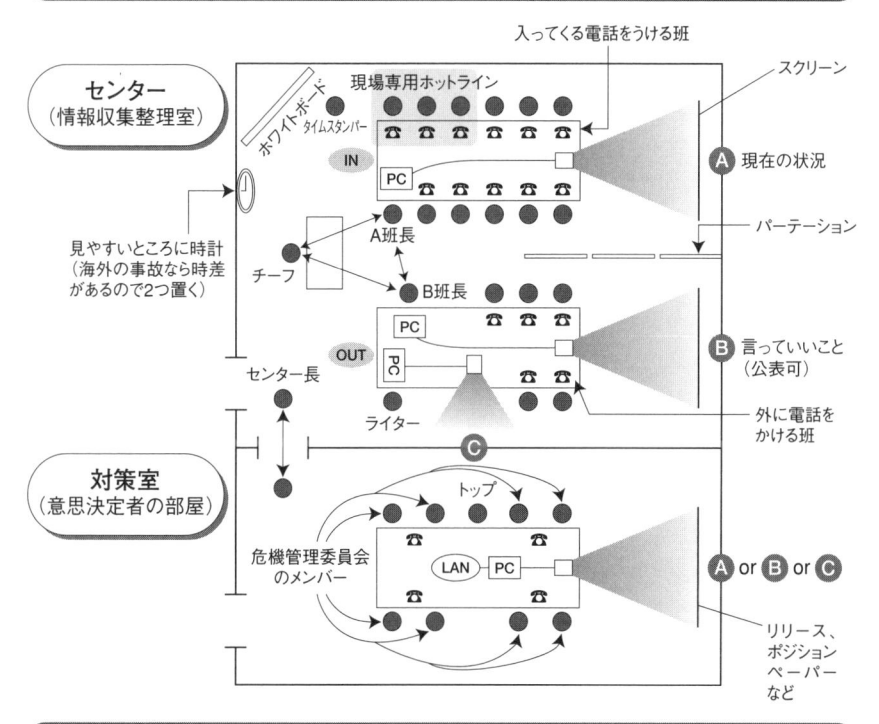

センター（情報収集整理室）
- ホワイトボード
- タイムスタンパー
- IN
- 現場専用ホットライン
- 入ってくる電話をうける班
- PC
- A班長
- チーフ
- B班長
- PC
- OUT
- センター長
- ライター

対策室（意思決定者の部屋）
- 危機管理委員会のメンバー
- トップ
- LAN / PC

- 見やすいところに時計（海外の事故なら時差があるので2つ置く）
- スクリーン
- Ⓐ 現在の状況
- パーテーション
- Ⓑ 言っていいこと（公表可）
- 外に電話をかける班
- Ⓒ
- Ⓐ or Ⓑ or Ⓒ
- リリース、ポジションペーパーなど

情報センターのスタッフの役割

チーフ	なるべく席から動かず、常に一番状況を把握している人でいる。A班長、B班長とともに、対策室に伝える情報と対外・対内に公表する情報を整理する。
A班	マスコミや自治体、住民など外からかかってきた電話を受ける班。基本的に「折り返します」と伝えた相手以外には、こちらから電話はしない。専用のフォーマットを用いて、会話を記録する。それらは口頭連絡とともにA班長に渡す。A班長は最新情報をチーフとB班長に同時に伝える。なお、電話回線の何本かは現場とのホットライン専用とする。
B班	マスコミ、社内関係者、官庁などこちらから報告すべき相手に逐次電話をかける班。A班より当初は少数で良い。B班長はチーフ、A班長とともに公表してよい情報や、対策室からの決定・指示をスクリーンに投影する。
センター長	チーフが対策室と往き来しているとセンターが混乱するので、その代わりに両室を往復する人が重要。
ライター	ニュースリリースやポジションペーパー（見解書）を書く人。皆で見られるようスクリーンも使用。
タイムスタンパー	重要な進展や意思決定のあった時刻を記録しておく専任者。

081 クライシス・コミュニケーション・マニュアル

　クライシス・コミュニケーション・マニュアルはいくつかの点で有効だ。それは、①複数の部署・人で同じ価値観や手続きの仕方を共有できる、②すべきこと、してはならないことをその場で見返し確認できる、③マニュアルの制作の過程で危機管理体制が固まっていく、④関係者の間に共通の理解や問題認識が醸成される、といったことである。
　マニュアルは次のようにいくつかのパートに分けて作成するといい。
①　心得や原理原則を収めた、平時に読んでおく「基本（読み物）編」
②　いざという時にもう一度参照すべき要点を集めた「実践編」
③　文例集や連絡先リスト、連絡用フォーマットなどの「資料編」
　こうすることで、各マニュアルの目的や用途がはっきりするだけでなく、使い勝手も上がる。やたら分厚くなると、ロクに読まれず埃をかぶり、よくあるマニュアルと同じ末期をたどってしまう。
　マニュアルを配布する先だが、CMTの主要メンバーと広報スタッフというのが一般的だ。これ以上対象を広げると、記述が抽象的になり具体性を欠いてしまうし、第一、読まれない可能性が高い。上の①のダイジェスト版や、その中で社員一人ひとりの責任や義務を記した部分をイントラネットに掲載したり、別マニュアルとして作成するやり方もある。
　マニュアルの作成を、他社事例をたくさん持つ広報代理店に委託することも多い。しかし、マニュアルはただ書けばいいものと違い、組織なり体制なりの規定があって、それを明文化したものだ。外部に委託する際は、こういった体制作りの提案から頼みたいのか、それとも今ある体制をもとにマニュアル化したいのか、あらかじめはっきりさせておこう。特に体制作りから始める場合、いくらコミュニケーションのマニュアルとはいえ、広報だけですべての内容を決定するわけにはいかないだろう。CMTのメンバーとなるような社内の主要関係先を、当初からプロジェクトに引き入れることが、マニュアル作成を成功させる鍵となる。

クライシス・コミュニケーション・マニュアルの例

基本編

Ⅰ. このマニュアルについて
  1. 構成と配布先
  2. 適用範囲
Ⅱ. リスクとクライシス
  1. 当社におけるリスクとクライシス定義
  2. 起こり得るクライシスの種類
Ⅲ. クライシス・コミュニケーションの基本的要素
  1. 目的と原則、ゴール
  2. クライシス対応の主管部署
Ⅳ. 予防と準備―平常時にすべきこと
  1. リスク発見に努め、直ちに報告
  2. リスクとクライシスの芽
  3. 何が「報告すべき」クライシスか
  4. リスク発見時の情報経路
  5. 報告の徹底
  6. 平時からの備え
Ⅴ. クライシス対応の流れ
Ⅵ. 危機管理委員会
  1. その組織、招集
  2. 委員会で討議すべきこと
  3. 危機管理委員会の構成と各メンバーの役割
  4. 対策本部
Ⅶ. クライシスが起こったら
  1. まず危機管理委員会事務局に連絡
  2. 緊急性の判断―事態レベルの判断基準
  3. 緊急性によって全社対策本部を設置する
  4. クライシス時における社員への対応
  5. 重要なステークホルダーへの対応
  6. すべきこと＆してはいけないこと
Ⅷ. クライシスの収束後
  1. 反省点を記録し整理する
  2. 関係者に謝意を表す

実践編

1. クライシス発生！　まずは危機管理委員会事務局に連絡
2. 第一報の伝え方、受け方
3. 第一報後のクライシス対応の流れ
4. 事態レベルの判断基準
5. 3つの事態レベル
6. 危機管理委員会メンバーのチェックリスト
7. クライシスに直面してすぐに出る質問
8. レベル高！　対応時のポイント
9. 続報の社内連絡フォーマット（FAX用）
10. 対策本部ですべきこと
11. 危機管理委員会対策本部メンバー連絡網
12. 備品リスト
13. 対策本部室レイアウト
14. 資料
  1) 危機管理委員会メンバー・リスト
  2) 各種連絡先（当局およびマスコミ社会部など）
  3) 非常に初期の段階での外部からの問い合わせ対応例
  4) 想定問答例
  5) クライシスの第一報用ニュースリリース雛型
  6) 記者会見の案内状雛型
  7) 記者会見時の社長声明文原稿雛型
  8) 記者会見時の広報部長による司会台本例
  9) 記者会見用の部屋の候補とレイアウト例
  10) 社告雛型
  11) クライシス対応時の社内記録用フォーマット

082 クライシスに直面して すぐに聞かれる質問

　問題が深刻化して危機的状況になると、利害関係者からの質問は次の5つに集中する。まさに今しがた問題発生を知らされ、まだ情報が不十分な段階で問い合わせを受けた場合は以下の回答例を参考に慎重に対応しよう。

　状況が明らかになるにつれ手元の情報が多くなる。事態の進展に応じて、言える情報、言えない情報を整理しよう。また被災者の氏名など、個人情報の第三者への開示は、家族への連絡の後が鉄則だ（この場合、家族に開示の承諾を得ることが理想だが、警察や消防からも発表があったり、事件・事故の性質によっては開示が企業責任のひとつと解釈されるケースもある。総務や人事、法務と慎重に議論して決定しよう。開示する場合は、内容は名刺に記載されている情報および年齢、入社年程度に留めよう）。

■**クライシスに直面してすぐに聞かれる質問と初期回答例**

① 何が起きたのか？
　回答例：「現在調査中ですが、確認しているのは（いつ）、（どこで）、（何・誰が）、（どうした）ということです」

② 状況はどのくらい危険あるいは深刻なのか？
　回答例：「詳しい状況を確認中です。現在当社が全力で行なっていることは（人員の安全確保／消火など事故の対応／警察や消防、検察などへの協力）です」→（かっこ）内が初期の基本メッセージとなる

③ 復旧／解決に向けて何をしているのか？
　回答例：「現在当社が全力で行なっていることは（基本メッセージ）です」

④ 状況の正常化にはどのくらいの時間がかかるのか？
　回答例：「現在詳しい状況を確認中です。（この後に基本メッセージを続ける）」

⑤ 誰の責任なのか？
　回答例：「詳しい状況を確認中です。現在当社が全力で行なっていることは（基本メッセージ）です」

危機対応時の黄金則

クライシスが発生した際は、まず以下の12項目に目を通してから広報対応を始めよう。

①事件事故は現場第一。対策立案時は現場の意見を金言と思え

②現場とのホットラインを確保。事故や火災など状況が刻々と変わる際は常時通話にする

③現場から本社、本社から現場への連絡時は、まず口頭で連絡した後、メモを書いてFAXを

④書いたメモは送る前にダブルチェック。受けた方は内容の真否をいちいち現場に確認しない。確認の確認という無駄な連絡を避けるため

⑤情報は時刻とともに伝えること

⑥意思決定者と情報収集・対応班の部屋は分ける。トップが電話対応に関わると余計混乱する

⑦言って良いことと悪いことを明確に分け、掲示板に貼って共有する

⑧被害者の氏名開示は家族に連絡をとってから

⑨当局、顧客、社員などへの報告は、できるだけマスコミ発表の前に

⑩とは言えマスコミ発表は迅速に（大事故の場合、発生から1時間以内に何らかのリリースを）

⑪常に基本スタンスをコメントやリリースに含めること
基本スタンス例：「コンプライアンス重視」「品質重視」「従業員の安全確保が第一」「当局への協力が最優先」「目下全力を挙げていることは原因の究明と再発防止」など

⑫何か聞かれて迷った時は、基本スタンスに何度でも立ち返ること

083 社内啓蒙活動をどうやるか

　リスクの認識がしっかりと現場からトップまで共有されている、クライシスを速やかに適切な人に知らせることができる、この2つを備えたクライシスに強い組織は予防も有事の対応も上手くいく。
　しかし多くの会社では、何が会社にとってのリスクか分からないという社員（幹部を含む）ばかりだったり、危機管理などは自分の仕事ではないと他人ごとのように思っている社員ばかり、というのが現実だろう。
　実際、何事もないうちに事件や事故を案じて手段を講じるという仕事は、もっと優先度の高い日々の業務に弾き飛ばされてしまうものだ。
　しかし広報はそれでは済まされない。社内を啓蒙していく重要な役割があるからだ。では、クライシス・コミュニケーションの理解を得るためには、何をどうやって伝えていけばいいのだろうか。ポイントは以下の6点だ。

① 会社を守ることは全社員一人ひとりの責任であり義務であること
② 当社におけるクライシス（会社を脅かす危機）の定義
③ そのクライシスを招くリスクの具体的項目
④ リスクに当たるミスやクレームは必ずすぐさま上長に伝えること
⑤ 上司は部下のリスク報告をとがめないこと
⑥ 自分たちだけで解決しようとせず、CMT（相談先）に報告すること

　これらを社内に徹底するための方法としては、以下のような活動が挙げられる。まずはやりやすいものからでも、始めてみてはどうだろうか。

① 社長からのメッセージを定期的に発信（イントラネットや社内報など）
② 役員向けセミナー（外部の危機管理コンサルタントによる講演など）
③ 幹部社員向け研修（部下に上の6項目などを伝えるための研修）
④ 部署単位のワークショップ（ゲーム感覚でリスクを見つけ、改善する）
⑤ リスク・オーディット（外部のコンサルタントが社内の主要メンバーにリスクについてヒアリングし実態をレポートすると同時に、そういった主要メンバーに対し、危機管理への積極的な関与を勧める）

クライシス・コミュニケーションにおける社内啓蒙の位置づけ

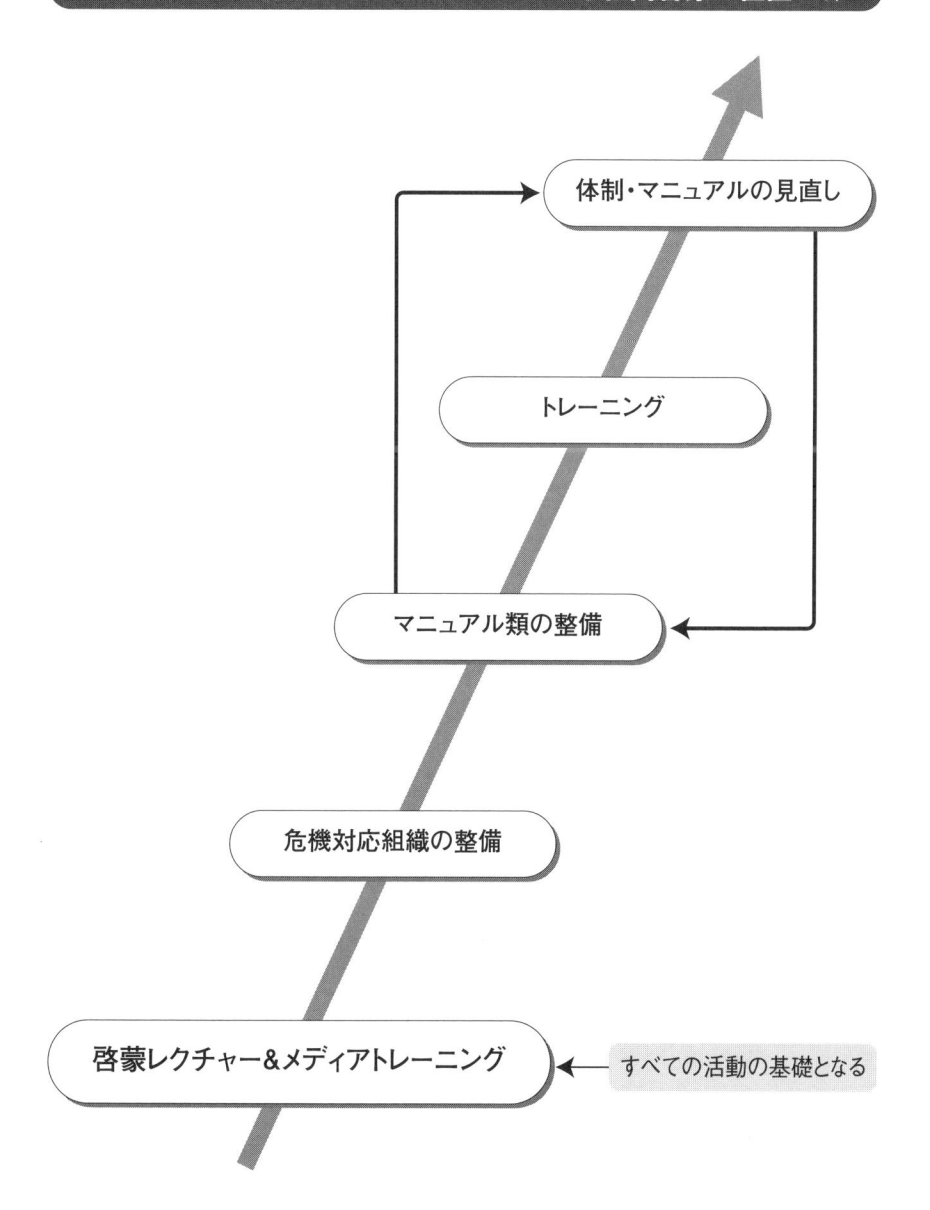

- 体制・マニュアルの見直し
- トレーニング
- マニュアル類の整備
- 危機対応組織の整備
- 啓蒙レクチャー&メディアトレーニング ← すべての活動の基礎となる

084 習うより慣れろ
〜定期的なシミュレーション・トレーニング

　東京に本社がある会社の名古屋工場で火災が発生した。出火直後から状況は刻々と変化し、その都度東京の本社に現場から連絡が入る。一方で火災を聞きつけたメディアからの電話が本社にも一斉にかかり始め、その中には地域住民の苦情や、顧客からの問い合わせも交じっている。しだいに本社内では情報が錯綜し、誰が言ったのか、誤った情報を含む記事が通信社によって配信される。そうこうしているうちに別のタンクに火がつき爆発炎上。消火作業に当たっていた社員が亡くなったという報告が飛び込む。

　シミュレーション・トレーニングは、実際に起こり得るクライシスを想定したシナリオをもとに行なう模擬演習だ。半日（4時間）から1日（8時間）、ときには2日にわたって行なわれる。

　多くの場合、広報代理店など外部の専門家と社内の担当者が共同でシナリオを作成し実施する。シナリオ中では固有名詞はできるだけ実在のものを使用し、火災であれば想定した日時の風向風速などもデータを調べ、現実的なものにする。すべては受講者をその気にさせるためだ。非現実的な要素をなるべく排除することが、トレーニングを茶番でなく意味あるものにするのだ。

　対象者を広報スタッフに限定し、情報収集からその整理、問い合わせ対応、記者会見、といった内容で訓練する場合や、CMTなど危機対応を担当する組織がきちんと機能するかを見る場合など、色々なパターンが可能だ。もしクライシス・コミュニケーション・マニュアルが整備されていれば、そのマニュアルが機能するかどうかの検証にも役立つ。

　シミュレーション・トレーニングはできれば一度きりではなく、年1回など定期的に行なうことが望ましい。

　工場などでは防災訓練が義務付けられているが、それに合わせて社内外のコミュニケーションがしっかりなされるか、こういったトレーニングを一緒にやってもいいだろう。そして訓練の後には反省点を洗い出し、その改善策をすぐに実施しておこう。危機は今日にも襲ってくるかもしれないのだ。

シミュレーション・トレーニング

防災訓練との違い

- クライシス・シミュレーション・トレーニングは危機状況下での情報伝達、情報の整理、その発表（対外・対内・遺族など特定の関係者への伝達）を模擬体験し訓練するもの
- 定期の安全防災・衛生管理の訓練と併せて行なうことも可能
- 危機管理マニュアルが機能するか、の点検にも有効
- 危機管理は社内のスタッフだけではどうしても甘いところが出てきがち。外部の専門家（広報代理店でこの分野の経験が豊富なところや危機管理コンサルタント）などを起用して、第三者の視点を導入した方が効果的だ

綿密なシナリオが受講者を本気にさせる

- シミュレーション・トレーニングを成功させるか否かはシナリオの出来に大きく関係する。あまりにも非現実的な事故や、「今回は訓練ですから仮にこうします」という仮の設定が多すぎると、受講者もなかなか真剣になりにくい
- シナリオは外部の専門家と、広報、その事件事故の現場となる部署の「よく分かっている人」とでチームを組み、作成していくといい。チームで事故などの想定現場を視察するのも有効だ
- シナリオは3〜4段階に発展させよう。受講者には一度にすべての展開を教えず、段階を踏んで状況を知らせていく
- シナリオ作成には最低でも1ヵ月は見ておきたい

模擬会見や突撃インタビューをビデオで収録する

- やはり最後はメッセージの伝達がポイントになる
- この部分はメディアトレーニングと同様に、ビデオで録画し、それを後で全員で見ながらクリティーク（批評）する

085 事故発生！現場力が明暗の分かれ目

　2012年には2件、2014年1月にも1件、それぞれ会社は別だが化学工場で爆発事故が発生した。いずれも死傷者が出る大きな事故だったが、共通しているのは事故発生から約5時間後までの間に、事故現場で工場長など現場責任者が記者会見を行っていることだ。事故発生直後、一番情報があるのは現場であり、記者は当然事故現場に集まる。現場で責任者が記者対応を行うのは、こうした重大事故の場合、もはや常識と考えた方がいいだろう。

　同様に、社長など経営トップがすぐに現地入りすることも重要だ。前述の3つの事故でも翌日か2日後かの相違はあるが、いずれも社長が現地で会見に臨んでいる。やはり2日経ってから会見した会社の場合では、「事故後初めて会見」といった書かれ方が多くなされていた。

　重大事故が起こった場合、社長はすぐに予定を全てキャンセルし、即日か遅くとも翌朝には現地に入るべきだ。たとえ海外出張中でもすぐに帰国の途に就き、真っ先に現場へ向かった方がいい。そして、被害者がいれば謝罪して、地元行政にもお詫びするなどの対応をしたうえで、現地で記者会見する、こうした動きも、スタンダードになってきていると言っていい。むしろこれをしないと、「あの会社はそういう対応をしたのに、なぜこの会社はしないのか」と追及のタネにされるだろう。

　もっとも、事故現場でただ会見すればいいということではない。そこでほとんど情報を出さない、出せないと言い張ると、情報開示に消極的と受け取られ、記者を警察や消防、行政や近隣住民、元従業員などへの取材に散らせることになる。そうなれば、叩けば出る埃をことさら大きく書かれることにもなりかねない。事実関係を冷静に伝える報道を期待するなら、分かっている事実を全て、丁寧に分かりやすく、迅速に提供することだ。

　遠隔地で起きた事故の広報対応は、現場から離れた安全な本社主導では機能しない。不確かな情報の確認に追われるなど、対応が後手に回るばかりか、錯綜した情報に惑わされてミスリードする危険性も孕む。

本社から記者対応の経験が豊富な広報部員が応援に駆け付けることは有効だが、夕刊の締め切り時刻を過ぎたら真夜中の朝刊締め切りまで余裕があった時代とは違い、テレビやネットニュースで間断なく速報がなされる時代である。スピードと正確性が求められる以上、少なくとも本社からの広報部員が到着するまでは、現場主導で臨機応変に広報対応を行う必要がある。

　突発的な危機対応は、こういった現場の力が求められるため、平時から現場力を高めておく必要がある。まずは、いざという時にカメラの放列の前に立ち、記者対応するスポークスパーソンを決めておくことだ。生産会社の社長や工場長や製造部長などその肩書は各社各様だろうが、現場の最高責任者が適任だ。そのうえで、平時のうちからメディアトレーニングを受講させ、有事の際のマスコミ対応の雰囲気やすべきこと、すべきでないことを叩きこんでおくことだ。それも一度だけでなく、定期的に。

　とはいえ、スポークスパーソン一人が頑張れば何とかなる話ではない。スポークスパーソンがマスコミの前で話すのはいわば仕上げの段階で、その前のごく短時間で、少ない情報を整理し、お詫びの言葉などの会見冒頭で発表するコメントや、想定問答を用意しなければならない。それはスポークスパーソン一人の仕事では当然なく、チームプレイが必要となる。繰り返すが、こうしたものを遠く離れた本社で広報部が現地から情報収集して作り上げて現場に戻す時間があればいいが、ないことの方が多いと思った方がいい。しかるに、各工場ごとにスポークスパーソンを含めた危機管理広報の現場対応チームを組織し、こういった有事を想定したシミュレーション・トレーニングを受けさせておくことが必要となる。

　こうしたトレーニングを実施することで、各工場など現場での安全への意識が一層高まることも期待できるが、会見冒頭のコメントや想定問答、ニュースリリースなど、報道資料の資産が出来ることも利点だろう。事故直後のパニック状況下でこうしたものを一から作り上げていくのは大変な作業だが、下敷きがあれば随分と違う。また、トレーニングの場で実際に説明してみて、やはりどうしても分かりにくい点があれば、見取り図（平面図や三面図）や図解の準備が必要だと気付くこともあるだろう。そういった気づきを得ることで、平時から質の向上を図ることもできるのだ。

086 謝罪会見・釈明会見 12のポイント

　通常の経済ニュースの記者会見と違って社会部記者を対象とする謝罪会見、釈明会見ではその進行が大きく異なる。以下にポイントを解説しよう。

① 　3社以上から同時に取材が入ればなるべく早く実施する
　会見を実施すべきかに迷ったら、一つの基準は3社からの同時取材だ。記者クラブに加盟している会社の場合、幹事に相談してもいい。

② 　記者には社会部記者と写真部記者がいる
　会見場に真っ先に集まるのは写真部記者やフリー契約のカメラマンたちだ（スチルとテレビ両方）。一瞬を一番いい場所で捉えるために、めいめい陣取る。会見の主催者は字を書く記者ばかりケアして、こういった写真部記者を「嫌な瞬間を好んで撮る」厄介な存在だと思っているケースも少なくないが誤りだ。資料も同様に渡すべきだし、カメラマンが陣取るスペースは記者席を潰してでもあらかじめ空けておこう。

③ 　発表者は役員以上、社長はひとまず取っておくことも
　発表者は最低でも取締役クラス、つまり経営の責任を持つ立場の者でないと相手にされない。もちろん状況次第だが、いきなり社長を出しては後がなくなってしまう。もっとこじれたり、さらに状況が悪化した時に出ていく人がいた方が安心だ。ただし、企業姿勢を問われるような場合では、初めから社長が出るべきではある。

④ 　入室は、定刻になったら広報部長から、順に並んで
　記者の前に出ている間は緊張の連続。不用意な表情を撮られないためにも、時間ぴったりに入室する。司会役の広報部長を先頭に、テーブルの並び順に一列になって入る。テーブルに着いてもまだ座らない。

⑤ 　冒頭は立って声明を発表、質疑応答で初めて座る
　司会による挨拶、発表者紹介の後、発表者の代表が声明を発表する。謝罪や釈明会見では、この間は発表者側は全員立ったままで座らないのが普通。謝罪会見の場合は要所要所、発表者全員で同時に頭を下げる。

⑥ 声明発表中はなるべく下を見ない

　氏名や数字などの確認時以外はできる限り前方を見て、手元の原稿は読まないようにする。視線を上げるとカメラマンがすかさずフラッシュを焚くが、なるべく眩しそうなしかめっ面をしないよう注意したい。

⑦ 汗を拭いたり苦笑いをするとフラッシュの嵐となる

　ライトを浴びると想像以上に暑いし、緊張もあって、額の汗が気になるだろう。しかし汗を拭くと、糾弾されてやり込められて、ほとほと弱っているように見える。詫びるところは詫びた上で、後は堂々としていたい。

⑧ 説明者のテーブルにはクロスをかけて足を隠す

　日本人で謝罪会見中に足を組むつわものはあまりいないだろうが、股を開いたり貧乏ゆすりしても格好悪い。本当に謝っているのか、反省しているのか、と見ている方も不審を抱く。しかし発表者は上半身だけで注意が一杯いっぱいかも知れない。隠せるところは隠してあげよう。

⑨ 質疑応答時、記者に社名・名前を求めても無駄なことも

　経済部記者には通用しても、社会部記者には無視されることが多い。初めは名乗っていても、次第に無視されることが多い。謝罪会見では諦めた方がいい場合もある。

⑩ 挙手と指名だけは崩さない

　質問の前に名乗ってもらうことは譲っても、挙手させ、指名した人が答えるやり方は場をコントロールするために何としても守りたい。これも初めは守ってくれても、次第に記者がめいめい勝手に質問を投げかけてくることがほとんどだ。司会役（多くは広報部長の役目）のがんばりどころとなる。

⑪ 質問が途切れないのに一方的に打ち切らない

　質問が途切れない場合、「今分かっていることはすべてお話した。次回はいつに会見を予定している」と伝え、暗黙の合意を得てから閉会する。間違ってもいきなり「時間ですので」と打ち切ってはいけない。

⑫ 次の会見予定と今発表した資料は会場のボードに貼っておく

　延焼中の火事など、クライシスが継続している場合、会見場は記者のために開放しておく。そこには現在までの状況が分かるボードがあると便利だ。

087 緊急会見の準備

　ここでは、会見準備のポイントと会場レイアウトについて解説しよう。

① **案内状**

　件名と時間と場所、発表者の役職が分かれば十分だ。出欠確認の返信票は不要。送付方法はFAXが一般的だ。問題はこれを送るためのリストだろう。普段付き合いのある記者はほとんどが経済部や産業部、証券部などだろうが、今回の対象にはこれらの記者に加え、社会部も加わる。平時のうちに社会部の直通電話とFAX番号を準備し、いざという時、滞りなく連絡できるようにしたい。また会見の案内の前に取材してきた記者にも、間違いなく案内が行くようリストに追加するのを忘れないように。単純なことだが危機対応中は上を下への大騒ぎだ。誰か役割を決めて記者の漏れがないか注意しよう。

② **場所**

　事故などで現場が遠い場合、本社が東京や大阪など主要な都市にあればそこで会見する方がいい。主要なメディアも都市に集中しているためだ。しかし、現場にも多くの記者が押しかけている。彼らに部屋を提供したり、本社サイドの会見内容が分かる資料を同じタイミングで提供したり、といったケアは必要だ。会見を2ヵ所でやるのは避けよう。情報は常に一本化して出さないと、記者も混乱する。

③ **動線**

　本社の社屋内で会見する場合は、なるべく入り口から近い、単純な動線で入退室できる部屋が好ましい。できるだけ一般社員と動線が重なることのないようにしたい。しかし、もっと望ましいのは本社の近くにあるホテルなど、外部会場を使うことだ。一般社員がいる社屋内を歩き回られることもなく、飲み物やトイレなど記者への細かなケアにスタッフを張り付ける必要もない。また、ホテルの部屋にはパントリーなどに通じる裏動線がある。記者の前でこの裏動線を使うと逃げていると思われるので、一旦控え室へ戻ってから外部に出る際などに、必要に応じて通るよう気をつけたい。

緊急会見の案内状の例

〇年〇月〇日

報道関係各位

〇〇株式会社

〇〇工場事故に関する記者会見のご案内

〇月〇日に発生した弊社〇〇工場事故に関する記者会見を下記の通り行ないます。弊社社長より現在の状況並びに弊社の見解などにつきましてご説明させて頂きます。どうぞご出席賜りますようお願い申し上げます。

記

日時：　〇月〇日　〇時〇分
場所：　〇〇ホテル　〇〇の間（別館2階）
　　　　（住所XXXXX、電話XXXXX代）
説明者：代表取締役社長　　XXXXXX
　　　　〇〇担当役員　　　XXXXXX

以上

この件に関するお問い合わせ先
〇〇(株)広報　担当XX・XX
XX(XXXX)XXXX

088 嫌がらせや脅迫にどう対処するか

　暴力団や第三者団体などから何事かを非難され、謝罪広告の掲載や経営陣の退陣などを要求されることがある。こういった場合の対応は、警察に通報し、会社として、毅然とした態度で臨むに限る。決して金品で解決しようと取引してはならない。それをきっかけにますます相手を利することになりかねないし、そもそも社会的道義にもとる。警察も相談されれば、これと全く同じアドバイスをしている。

　以下は直接会社が対応しなくてはならない場合の注意点だ。いずれの場合も、速やかに警察に連絡することが前提だ。

① 会社を非難する勧告文・脅迫状などが届き、返事を要求された

　相手が暴力団や第三者団体であることをにおわせていたり、何者かはっきりしない場合、原則的に返事は不要だ。すぐに警察に相談しよう。状況次第だが、まずは相手の次の出方を見ることになる場合が多い。

② 面会を要求された、直接会社の受付にやってきた

　電話で面会を要求された場合は①と同様、原則会う必要はない。はっきりと断ろう。ホテルなど会社と別の場所で会うことは避ける。裏取引をする場合よく使われる手なので誤解を招くことがある。会うなら会社の1階ロビーなど人目があり広々とした場所で、必ず2名以上で会うこと。名刺は出さなくていい。場合によっては周囲にさりげなく関係者を配置すると、対応する人も安心する。会話の内容は、ICレコーダーなどで必要に応じ断ってから録音する。相手がただ主張を伝えるだけでなく、何かを要求するようなら、警察に相談していることをはっきり伝える。

③ 抗議行動に来たら

　この場合も無視だ。警察が到着したときには去っているかもしれないので、団体名とその主張内容を記録しておこう。できれば写真や録音をしておくといい。ただし危険を感じてまで撮る必要はない。

④ 相手の行動がエスカレートしてきたら

Ⅴ 不祥事や危機に備える

　警察と相談の上、社長など関係者を家族と一緒にホテルなどに移すなど、自衛措置をとる。

対応の原則

- まずは警察に相談する
- 身の安全を第一に考える
- 相手と議論をしない
- 相手の言い分をただ聞く
- 個室や他所での面会は断る
- 社長その他の幹部への面会要求は断る
- 再度連絡をする、改めて返事をする、などと約束しない

089 社会部記者の特徴を知っておく

　事件や事故が起こった時取材にやってくるのは主に社会部の記者だ。すべての社会部記者を同じように論じるつもりはないが、ある程度、取材に対する考え方や取材姿勢には似たものがある。

① **社会的な正義感を強く持っている**

　新聞社や通信社の場合、新卒で入社した後、数年間は地方の支局勤務となり、記者人生をスタートさせることが多い。ここで現場のジャーナリズムを身に付け始めるわけだが、警察との付き合いは当然深くなる。ある記者は、その頃の経験が、記者としての社会的な使命感に影響していると言っている。サツ回りと言われるこうした経験を積むうちに「企業は隠し事をし、新聞がそれを暴く」という考えを持つ記者もいるそうだ。

② **比較的厳しい取材態度**

　記事によって悪事を明るみに出し、世論を動かすことができるのも社会部記者の醍醐味だと言う。そういった事件事故などが取材テーマであることが多いせいか、取材時の突っ込みやその口調は経済部の記者に比べ厳しいことが多い。初めのうちは穏やかに話していても、取材先が何かを隠していそうだったり、曖昧な受け答えで言い逃れをしているようだと、本当に怒り出す記者もいる。これは経済部記者が取材先である企業をある意味大切にしないと記事が書けなくなるのに対し、社会部記者はその点お構いなし、という理由もあるようだ。

③ **スクープ狙い**

　どんな記者でも持っている特徴だが、社会部記者は特にこの傾向が強いとされる。社会部記者や経験者に聞くと、何年の何々の事件はどの社の誰が抜いた、あるいは自分が抜いたなど、よく覚えているものだ。

　これは、と思ったら食いついて離れない執念や忍耐力など、やはり社会部記者には独特のものがある。英語には Investigation Report という語があるが、自分で調査し仮説を証明していくような取材活動をするのも、社会部記

者と言えるだろう。

よく言われる社会部記者の特徴

社会的な正義感を強く持っている

- 「曖昧な態度」は「逃げ隠れ」や「企業は悪」に結びつきやすい
- 記者を駆り立てているものは「正義感」と理解し、それに抵抗する側（つまり悪者）にされないよう注意が必要

比較的厳しい取材態度

- しかし「話せば分かる」
- 杓子定規や木で鼻をくくったような対応は厳禁
- 社長に談判するなど、ぎりぎりのところまで踏ん張って会話しよう
- そういった広報の姿勢は斟酌してくれても会社には容赦ないことも多い

スクープ狙いの傾向が特に強い

- スクープ＝単なる功名心と早合点してはダメ
- 事実を報道することに正義を感じる人たちであることを忘れずに
- スクープしたくてもできないほどの積極的な情報開示が理想的

コラム4

マーケティングと広報

　「マーケティングとは、製品と価値を生み出して他者と交換することによって、個人や団体が必要なものや欲しいものを手に入れるために利用する社会上・経営上のプロセス」―コトラー
　「統合的マーケティングコミュニケーション（IMC）は、消費者とブランドや企業とのすべての接点をメッセージ伝達のチャネルと考え、ターゲットの購買行動に直接影響を与えることを目的とする。消費者から出発し、あらゆる手法を駆使して、説得力あるコミュニケーションを実践するプロセスである」―シュルツ

　マーケティングの定義は上に掲げたコトラーやアメリカマーケティング協会のものが有名ですが、それでは筆者には難しいので、「モノを作って売るための企業活動のうち、顧客と関わる部分すべてを指す」と理解しています。このマーケティングですが、広報と非常に密接なもの、というよりも、広報がマーケティングの一部であり、逆に広報の一部がマーケティングとも言えるでしょう。
　欧米ではマーケティング・コミュニケーションズ、日本では商品広報などとも呼ばれる対消費者、対顧客向けの広報は、単純に言えば「売るため」の広報です。商品の魅力を、既存顧客や潜在顧客に伝えることが使命となります。したがって、例えば新製品をパブリシティするのであれば、ターゲットはだれか、そのターゲットがなぜその商品・サービスを必要とするのか、どうしてこれまではそういった商品・サービスがなかったのか、

COLUMN 4

　従来品と何が違うのか、競合品との差別化はどうなっているのか、などなど、そういったことをマーケティングの部署にしっかり取材し、できるだけ多くの客観的データを提供してもらうことが不可欠です。

　最近では上述したような IMC も認知度を拡大しています。IMC の大きな特徴はマーケット・イン（消費者視点での開発）であり、プロダクト・アウト（企業視点での開発）ではありません。IMC を意識した、あるいは IMC による広報では、製品・サービスができ上がる前に、ニュース・フックを予め仕込んでしまう、といったことが可能です。でき上がった製品・サービスをパブリシティする際に、「あぁ、もっとこんな機能があったらニュースになったのに」「こうなっていればもっと話題になっていたのに」と思うことが少なくありません。これらはニュースを扱う記者の視点と共通と言えるでしょう。であれば、よりニュースになりやすい、話題に上りやすい機能なり特長を、開発段階から盛り込んでしまおう、というのが IMC の考え方です。日本でもそれを強みとし、顧客の製品開発やマーケティングに関わる PR 会社（とは自称していないところもありますが）が増えてきています。

Ⅵ

ソーシャルメディアと広報

広報100のテクニック
090-097

　企業によるソーシャルメディア、特にソーシャル・ネットワーキング・サービス（SNS）の活用が広がっている。SNSは従来から指摘されているインターネットの双方向性をより進化させており、企業とユーザー、ユーザー間の連携によって新たな価値を生み出している。
　本章ではソーシャルメディアと企業の広報利用について整理したうえで、ソーシャルメディア・ポリシーや炎上について考察する。またソーシャルメディアの一つ、Wikipediaで自社の記事が書かれている場合の管理については、意見の分かれるテーマだが、あえて筆者なりの見解を述べる。

090 ソーシャルメディアとは

　ソーシャルメディアとは何か。それ自体がソーシャルメディアの一つでもあるWikipedia（英語版）によれば、「仮想コミュニティやネットワーク上での相互作用のこと。そこに集う人々による情報やアイディアの創造、共有、交換によって発生する」（参考訳は筆者）と定義されている。ソーシャルメディアに分類される具体的な種類やサービス名を右頁に掲げたが、共通点としてユーザーが参加し、ユーザー同士が対話したり、情報を集積できる仕組みを備えていることが挙げられる。

　従来の「メディア」はいわば容れ物で、「コンテンツ」（中身、内容。人を楽しませたり、誰かの役に立つ一連の情報）を必要としていた。しかしソーシャルメディアにおいては、例えばコメントや写真といったコンテンツ同士のつながりや、人と人の関係性を可視化することで、メディア自体がコンテンツになっているという。ソーシャルメディアを単なる情報源ではなく、やり取りの場ととらえ、そこで醸し出される雰囲気や連帯感も魅力のうちと思えば理解しやすいのではないか。多くの人がそこに集い、共通の関心事について情報や意見、受け止めなどを共有したり、交換できる。それだけに、企業がこれを活用することで、その企業らしさがより際立ったり、ファンを囲い込むことにも貢献するのだ。

　ソーシャルメディアの特徴として、「即時性」と「伝播性」も欠かせないだろう。もともとインターネットは世界中どこでもいつでも誰でも、瞬時に情報を発信したり収集したりすることができるものだ。しかし従来からあるホームページなどでは最新情報が更新されても自分から見に行かなければそれに気づかなかったり、他の人の反応などを知ることもできなかった。ソーシャルメディアでは情報が更新されるとメッセージが届いたり、自動的に自分がふだん見ているモニター画面に表示される機能があり、気づきが早い。他人の反応やコメントもすぐに知ることができる。また、人々の反応が大きいものほどより多くの人の目に留まる仕組みが備わっていることが多い。

広報ツールとしてソーシャルメディアを見たとき、考慮すべき点がその隆盛ぶりである。ある調査によれば、Facebook、Twitter、LINE、YouTube といった大手 SNS サービスの日本国内利用者は 2014 年時点で軒並み 2000 万人を超えているという。ユーザーの情報アクセスが多様化している現状を踏まえ、それに積極的に対応していく努力は必要なことだろう。

ソーシャルメディアとは

Social media is the social interaction among people in which they create, share or exchange information and ideas in virtual communities and networks. - Wikipedia

ソーシャルメディアとは、仮想コミュニティやネットワーク上での相互作用のこと。そこに集う人々による情報やアイディアの創造、共有、交換によって発生する。(参考訳は筆者)

ソーシャルメディアの主な種類

電子掲示板(2ちゃんねるなど)
ブログ(アメーバブログ、Yahoo!ブログ、livedoor Blog　など)
ナレッジコミュニティ(Wikipedia、Yahoo!知恵袋、NAVERまとめ　など)
ポッドキャスト(オーディオやビデオを使ったインターネット上の放送のこと)
ソーシャルブックマーク(はてなブックマーク、Yahoo!ブックマーク　など)
ソーシャルニュース(スラッシュドット、Digg　など)
SNS / ソーシャル・ネットワーキング・サービス(mixi、GREE、Facebook、Twitter、Google+、LINE　など)
画像や動画の共有サイト(YouTube、ニコニコ動画　など)
レビューサイト

091 企業による ソーシャルメディアの活用

　本書のイントロダクションで掲げた『第11回企業の広報活動に関する意識実態調査報告書』（2012年3月経済広報センター発行）によれば「ソーシャルメディアを利用している」と回答した企業は調査対象の約1/3にのぼった。その前年に同センターが行った『企業によるソーシャルメディア広報に関するアンケート調査』では1/4だったため、1年で相当数の利用企業が増えたことが分かる。

　同アンケートでは企業がソーシャルメディアを活用する目的として、「会社情報のタイムリーな発信」（48.3%、14社）、「顧客満足（リレーションの維持）」（41.4%、12社）、「新規顧客獲得」（34.5%、10社）の順で回答数が高かったとしている。その他、興味深いのがソーシャルメディアを運営する主体が広報以外に広告や営業、企画、そして経営トップ自身など多岐にわたっている点や、その運営を個人ではなくチームを組んで行う企業が多い点だ。

　では具体的に企業はどのようにソーシャルメディアを活用しているのだろう。前項で挙げた「即時性」「伝播性」という点では、鉄道会社が運行情報をTwitterで流したり、ブログやTwitter、Facebookで経営者や広報が日々のお知らせを流す、といったことなどが挙げられる。ギターメーカーがYouTubeの企業チャンネルで弾き方レッスンを動画配信しているのはその企業らしさを前面に出しつつファンを囲い込むよい例だ。リクルーティングにFacebookを使う企業が増えているが、これなどはリアルとバーチャルを組み合わせ易いSNSの特性を活用したいい例だろう。

　ただ、こうして見ても、広報そのものが主たる目的というよりは、事業上の情報発信（鉄道会社の例など）や、広告、営業、マーケティングなどを補完するため、といった使われ方が多いことが分かる。広報が純粋な広報目的のためにソーシャルメディアを積極的に活用しているケースはむしろ稀ではないか、というのが筆者の率直な印象だ。

企業がソーシャルメディアを活用する上で大切なことは、必要性の十分な検討と、目的の明確化だ。事業に直結した情報を即座に広く伝播したいというニーズがあるならば、ソーシャルメディアはまさにうってつけだろう。またユーザーを囲い込み、ファン化したり、ファンであり続けてもらう必要があるなら、その役にも立つだろう。どのサービスを使うかは、その目的に合ったものということになるが、同時にユーザーの利便性を考慮し、望まれる形を提供することも重要だ。組み合わせが大事とも言える。ソーシャルメディアを使うなら、今後どのサービスの利用者数が増えそうかなど、潮流を読むことも大切になる。

Social Media Mix

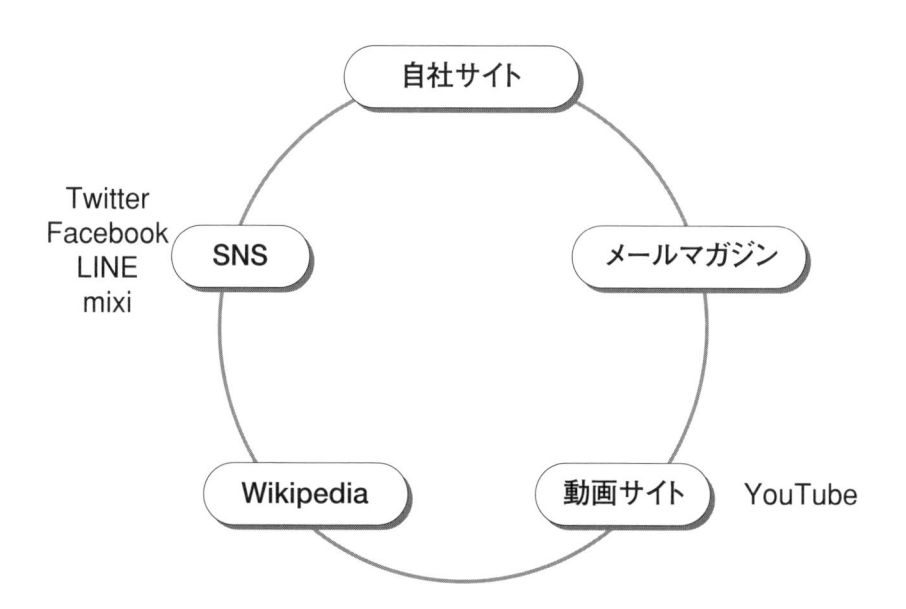

- 自社サイト
- メールマガジン
- 動画サイト YouTube
- Wikipedia
- SNS Twitter / Facebook / LINE / mixi

092 ホームページが前庭なら Wikipediaは裏庭だ

　219頁にソーシャルメディアの種類を挙げたが、その中にWikipediaが入っていることを意外に思われた方もいるかと思う。確かに、Wikipediaは情報収集のために見はするが、自分でユーザー登録したり編集したりといったことに馴染みがない人も多いことだろう。

　Wikipediaはそのタグラインにもあるように、「誰でも編集できるフリー百科事典」だ。無料で使え、記事の執筆は世界中のボランティアが行っている。Wiki（ハワイ語で「速い」という意味）と呼ばれるHTML編集システムや、著作権を保持しながら二次利用を認めるコピーレフトも特徴だ。

　海外で科学雑誌が調査した結果、Wikipediaと有名な百科事典とでは正確性にさほど差はなく、Wikipediaは正確な百科事典であるとの評価がなされたという。しかし検閲や校正の仕組みはなく、いわば多くの人の良識と監視によって正確性や中立性が保たれていると言っていい。それだけに、悪意ある人がWikipedia上の記事を不当に書き換えたり、謝った情報を載せるといったことも、技術的には可能である。

　実際に、あるメーカーのWikipediaの記事で、「社員食堂で人肉が提供されている」などといった書き込みがなされたことがあった。誰も信じるものなどいなかっただろうが、巧妙にもっともらしく嘘が書かれていたら、鵜呑みにする人がいてもおかしくはない。

　ほとんどの企業は今、自社のホームページを立ち上げ、そこで会社概要や事業内容、トップメッセージなどを掲載していることだろう。そしてその会社について興味関心を持った人たちは検索エンジンなどからリンクを伝ってそのページを閲覧するはずだ。しかし、そういった通り一遍の、しかも悪いことは書かれていない自己紹介的な情報に飽き足らない人は、検索エンジンの結果ページに戻り、Wikipediaのページを探し、あればそちらも見るはずだ。Wikipediaに会社名で記事があれば、これはもう、自社の公式ホームページとセット、表裏一体と思った方がいい。であれば、表だけしっかりと

管理して、裏は放置でいいのか、という疑問がわく。

　筆者としては、ホームページが前庭ならWikipediaは裏庭と考え、主体的に管理すべきだと考える。ただし、早まってはいけない。Wikipediaでは自分で自分の記事を書くことや編集することは、基本的に推奨されていない。また、自社の宣伝になるような記事を新たに作ったり書き換える行為は、Wikipedia自体の信頼性を揺るがし根本から崩壊させることにもつながりかねず、「禁じ手」とも言われ、避けるべきとされている（詳しくは、Wikipediaの「方針とガイドライン」を参照されたい）。

　ここで筆者がWikipedia上の自社の記事を「主体的に管理すべき」と言うのは、明らかに謝ったデータを訂正するとか、事実無根の記述を削除するとかといった、いわば美観を損ねないよう日頃からメンテナンスを怠らないようにということだ。Wikipediaの方針とガイドラインでは、そういった行為まで「避けるべきとか」「推奨しない」とはされていない（これらに限らず、Wikipediaの方針とガイドラインでは「禁止」ということがそもそもない。もっとも、禁止されていなければ何をしてもいいということではないのは当然のこと）。もちろん、自社の汚点である過去の不祥事についての記述をカットしたり、同業他社より優れていると見せるような記述を加えるなどは、もちろん慎むべきだ。

　修正や訂正からもう一歩進んで、内容の追加の是非については意見の分かれるところだろう。筆者は、内容にもよるが、自社について語る際にこれだけは入っていないとおかしい、という記述であれば、中立性や正確性に留意し、出典を示すなどWikipediaのルールに則ることを前提に、追加することがあってもいいだろうというスタンスをとる。

　なお、Wikipediaを編集する際はユーザー名かIPアドレスが公開され、どのドメインでそれがなされたか公開される。そのため私的に利用するIPアドレスを使った方が良いのか迷うケースもあるだろう。筆者は上述したような主体的な管理であれば、堂々と自社ドメインで編集してもいいと考える。ただし、無用な論争や批判を避けるために、あえて個人の立場でそういった編集を行うことも、特段問題とは思わないと付記しておきたい。

093 ソーシャルメディア・ポリシー（ガイドライン）

　複数の部署がそれぞれソーシャルメディアを活用する企業では、「ソーシャルメディア・ポリシー（ガイドラインとも呼ばれる。以下、ポリシーに統一する）」と、「炎上」の予防（こちらについては95、96項参照）が広報テーマとなるだろう。

　ソーシャルメディア・ポリシーは、企業や団体が組織として、またそれを構成する個人がソーシャルメディアを利用する際の、守るべき規範やルールを定めたもので、ホームページ上で公開されているものもあれば、社内限りとなって外部には非開示とされているものもある。

　内容的には右頁の例のように、インターネットの特性を考慮して書き込みには責任と自覚を持ちますとか、個人情報や機密情報、知的財産権の取り扱いには注意しますとか、いわゆるステルス・マーケティング（略してステマ。自己の立場を秘匿して自社を売り込んだり他社を貶めたりする行為）はしません、といったことが盛り込まれているのが一般的だ。

　FacebookやTwitterの普及が進んだ2011〜12年前後には、こうしたソーシャルメディア・ポリシーを策定する動きも活発だったが、もう一歩踏み込んで考えると、実は就業規則の「服務規律」にある「遵守事項」などで定められていることとあまり変わりがないことに気づく。であればこれを再度徹底させれば、いくつも似たような規則を作らなくて済むとも言える。ただ、就業規則はそうそう身近に置いて何度も読み返すものでもないため、ソーシャルメディアの運用者に対して、やはり改めて該当部分だけでも抜き出して提供し、併せて具体的な「避けるべき」書き込み例などを示してあげることが大切だろう。

　また近年では、著名人や有名企業のSNSの公式アカウントが第三者に乗っ取られることが度々起きていることを受け、公式アカウント一覧をソーシャルメディア・ポリシーと一緒にホームページで公表している企業も多い。この他、CI（コーポレート・アイデンティティ）のガイドライン同様に企

業ロゴの使用上の注意や、企業ブランド、企業イメージを損ねないための特別なルールや、情報開示のルール（売上高や利益率などどこまで開示できるか）があれば、それも併せて提供・指導することが重要だ。

ソーシャルメディア・ポリシーの例

1）自覚と責任
- ソーシャルメディア、ひいてはインターネットでの情報発信は、不特定多数の利用者がアクセス可能であることを常に認識し、それぞれの立場を尊重したコミュニケーションに努めます。
- 当社の社員として、自立した一人の社会人として、社会常識からの逸脱や、公序良俗に反する言動、および当社や他者の財産や名声、名誉を損なう言動は慎みます。

2）適切なコミュニケーションの実践
- 情報の発信や対応が、不特定多数の利用者や社会全般に影響を与えることを意識し、誤解を与えないように注意します。
- 一方的な発信にとどめず、他者の声に耳を傾けます。
- 間違いに気付いた場合には、迅速に謝罪し、訂正と分かる形で訂正します。

3）法やルールの遵守
- 情報発信にあたっては、法と、当社の就業規則ほか独自のルールを遵守します。
- 個人情報を保護し、当社の機密情報を会社の許可なく公開しません。
- 著作権をはじめとする知的財産権等の侵害はしません。

就業規則の例

第3章　服務規律

（服務）
第10条　労働者は、職務上の責任を自覚し、誠実に職務を遂行するとともに、会社の指示命令に従い、職務能率の向上及び職場秩序の維持に努めなければならない。

（遵守事項）
第11条　労働者は、以下の事項を守らなければならない。
許可なく職務以外の目的で会社の施設、物品等を使用しないこと。
職務に関連して自己の利益を図り、又は他より不当に金品を借用し、若しくは贈与を受ける等不正な行為を行わないこと。
勤務中は職務に専念し、正当な理由なく勤務場所を離れないこと。
会社の名誉や信用を損なう行為をしないこと。
在職中及び退職後においても、業務上知り得た会社、取引先等の機密を漏洩しないこと。
許可なく他の会社等の業務に従事しないこと。
酒気を帯びて就業しないこと。
その他労働者としてふさわしくない行為をしないこと。

厚生労働省労働基準局監督課『モデル就業規則』から抜粋

094 炎上 〜非がある炎上とない炎上

　炎上とは、何らかのきっかけによって多数のネットユーザーから非難や批判が殺到することを言う。多くの場合、問題のある投稿や、不祥事を発端とするが、特に被炎上企業に非がなくても、噂や誤解、穿った見方などから炎上に至ったケースもある。

　この炎上、多くの企業では恐れられており、それが理由でソーシャルメディアの活用に踏み切れないという会社もあるようだ。確かに、場合によっては製品の不買運動を仕掛けられたり、既存の大手マスコミにニュースとして取り上げられてイメージを損ねたりすることもあるため、できることなら避けたいものだ。しかし、実は炎上したとしても、その理由や仕方によってはさほど影響や実害がないこともあるのだ。

　あるサニタリーメーカーは、「ネット右翼」などとも称される人たちなどから標的にされ、関連する掲示板や口コミサイトなどが炎上する事態に至った。しかし、その理由が、事実無根でまったく正当性を欠くものであったため、その会社としては一切反応せず、静観に徹した。すると徐々に炎上は収束していった。その間、ネット上では不買運動を呼びかけられたり、リアルにデモ行進という抗議行動を受け、それを動画配信されたりもしたものの、製品の売り上げダウンなどの実害はほとんどなかったという。

　炎上には2種類ある。一つは自分（自社）に非がない炎上。もう一つは非がある炎上だ。自分に非がない炎上の場合、勧められる対応は一つしかない。静観である。炎上させている不特定多数もしくは少数にしてみれば、何らかの反応が欲しいのである。批判されている事柄についての釈明や説明、反論があれば、それを新たな燃料としてさらに炎上を続けることができる。中には、仮に大多数の傍観者がそれを理解できないとしても、本人は心底憤っていて何らかの謝罪や改善を求めている人もいるだろう。しかし、大部分の炎上に参加している人たちは、その炎上に参加するという行為自体をつかの間楽しんでいるとも言える。そのため、新たな燃料が投じられないと見るや、

急速に興味や動機を失い、炎上自体も下火になっていくのである。静観で済まないのは、次項で述べる「非がある炎上」の場合だ。

非がある炎上とない炎上

炎上！

自分（自社）に非が**ない**　　　自分（自社）に非が**ある**

静　観　　　　　すぐ詫びる
　　　　　　　　　ネットで詫びる

095 知っておくべき、「自分に非がある炎上」の5パターン

炎上には自分に非があるケースと非がないケースがある。重要なのは非があるケースで次の5つに分類できる。

① **モラル＆リテラシー**

社会常識やSNS利用規約、ネット上のエチケット、仮想コミュニティ独自のルールなどから逸脱して炎上するパターン。家電メーカー系列のブログで起きた新製品に関するやらせ疑惑やTwitter上のルールや仕組みを十分理解せずにマルチポストと呼ばれるエチケット違反をしてしまったケースなど。

② **不用意な発信**

社員や役員、派遣スタッフなどが「人を不快にさせる」情報発信をしてしまうパターン。バイトが悪ふさげの写真や動画を投稿して社会問題化したケース、著名人の来店を店員がTwitterでばらしてしまったケースなど。

③ **不謹慎**

被害者感情をさかなでしたり、人やペットの尊厳を貶めたり、犯罪自慢をしてしまうパターン。東日本大震災の直後、レンタルビデオ店のアルバイトが「テレビは地震ばかりでつまらない、そんなあなた」と来店を勧めるツイートをして炎上したケースなど。配慮や注意が至らずについ、ということが多い。右頁のチェックシートを使い、送信前によく確認することが必要。

④ **瑕疵**

そもそも製品やサービスに瑕疵があったり、経営者や社員の言動に問題があり、ネット上でも大きな話題となるパターン。ある飲食店が見本と全然違うと不満が相次いでネット上で噴出した「スカスカおせち」など。

⑤ **不十分な謝罪**

一度炎上し、そこで詫びたものの、形だけのお詫びで再炎上するパターン。元政治家が火山噴火による家畜の大量殺処分について「大地の神様の怒りを買った」とツイートし炎上、ブログで言い訳後再炎上したケースなど。

炎上対策は予防が第一で「3つの不と2つの非」にひっかからないことだ。

3つの不とは、不誠実、不快、不謹慎、2つの非は非合法、非常識を指す。不快は、匿名ゆえに差別的な不快感もネット上では公然と語られる点、また非常識については、一般社会における常識に加え、ネットの世界ならではのエチケット（ネチケット）も含む点に留意してほしい。

炎上のパターン	予防のための留意点
①モラル&リテラシー	やらせ、ねつ造、ステマは論外。身分と立場を明らかにして、正々堂々とスパム行為（botアカウントの誤用）、マルチポストはNG。投票もの企画は自動投票システム対策を 代理店や担当者に丸投げは危険。管理者自身も利用規約やガイドラインの一読を
②不用意な発信	多少なりとも会社に関わりがある人の問題がある発信は、プライベートの匿名アカウントでも、その会社にも責任が及ぶ可能性があることを、新入社員や派遣社員、アルバイト（イベントスタッフなど）にも周知しておく コメント送信やつぶやく前に「不快に思う人が絶対にいないか」自問する
③不謹慎	下の「炎上トピック」に該当しないかをチェック
④瑕疵	常時モニタリングを行ない、炎上をなるべく早く認識すること 迅速にお詫びを行なうこと（動画やHTML文書を公開） 受け止め（何が悪かったと認識しているか）をお詫びに盛り込むこと
⑤不十分な謝罪	お詫びに言い訳や反論、愚痴や文句は加えない 問題発言の削除はすべき。アカウントの閉鎖はおススメしない

炎上トピック　チェックシート

☐ 違法行為を自ら暴露
　飲酒運転、器物損壊、拾得物の着服、暴力（威嚇）行為…
☐ プライバシーの侵害
☐ 事件事故の被害者への配慮がない・薄い
☐ 他者（社）の誹謗中傷
☐ 差別（性差、同和、人種など）
☐ 宗教（信仰）観のおしつけ、勝手な解釈
☐ 政治観のおしつけ、勝手な解釈
☐ 地方蔑視
☐ 自慢話
☐ 知ったかぶり

一つでも該当を疑うようならそのポスト（書き込み、ツイート）は炎上のリスクあり

096 炎上！〜監視と対応

　いくら予防しても、炎上することは考えられる。そして怖いのは、こういったネットの炎上は自分が知らないうちに、知らないところで起こる場合があるということだ。さらには、一気に燃え広がるという特性にも注意したい。したがって、企業がソーシャルメディアを活用する以上、いつ炎上してもすぐに気付くようにしておくこと、そしてすぐに対処できるようにしておくことが大切だ。

　まずは炎上の監視だ。マンパワーが十分かけられないのであれば、既存のモニタリングサービスを活用する方法がある。予め社名や製品名などキーワードを登録していれば、それが様々なソーシャルメディアにいつ、どれだけ書き込まれたか、検索できる有料サービスがある。サービスによっては設定次第で、単位時間内に急速にツイートが増えたり、2ちゃんねるでレスが相次いでスレッドがどんどん立っていく場合などに、警告メールを受け取ることもできる。ただ、毎月数万〜十数万円のコストがかかる。そういったコストをかけられない場合、2ちゃんねるの自社に関するスレッドや、自社のブログ、SNS公式アカウントを定点観測する方法もある。2ちゃんねるの自社に関するスレッドは、他のどこで炎上しても必ずと言っていいほど飛び火してきて、炎上しているブログやSNSのリンクが貼られるので、ここを頻繁にチェックするのはおススメだ。

　さて、不幸にも炎上に直面した場合、迅速な対応が鍵となる。対応が早ければダメージは小さく済み、場合によっては罵倒が称賛の声に変わることもある。逆に遅ければ既存のマスコミに報道され、ネットの世界を出てさらに多くの人に知られイメージを損ねることになりかねない。

　対応の第一は、非がある炎上か非がない炎上かを見極めることだ。非がないとは、前項の5パターンにも「3つの不と2つの非」にもあてはまらないケースということになる。多くの場合、ある特定の国々への嫌悪感に関係していたり、アニメやアイドルなど自分たちが好きなものを貶められたと（相

手が勝手に）激昂した場合などに、こうしたことは起こり得る。非がない、と判断できれば、反論したい気持ちをぐっとこらえて、ひたすら静観することをおススメする。

　では非がある場合はどうか。この場合の大原則は、「すぐ詫びる。ネットで詫びる」、これに尽きる。特に「3つの不と2つの非」を意識して、具体的に何が悪かったか（＝問題認識。不謹慎な発言があり関係各位にご迷惑をおかけした、など）、どうしてそのようなこと（投稿・ポストやプログラム操作）をしてしまったか（＝原因。担当者の理解不足と上司のチェック不足、など）、そしてどう対処するのか（＝対応。当該書き込みを削除し、お詫びを掲載など）をセットにして、しっかりと詫びることが重要だ。その際、お詫びは記者クラブでするのではなく、まずは炎上したソーシャルメディア（SNSやブログなど）と自社のホームページですることが重要だ。炎上したことは既にネットの隅々にまで拡散しているだろう。であれば対応の周知もネット上が手っ取り早いし、炎上させている人たちへのアクセスもネット経由がいいに決まっている。お詫びを動画配信するのも有効だ。

　お詫びした後は、できるだけ対話に応じることだ。慌てて炎上したサイトを閉じたりアカウントを削除しては、お詫びもできないばかりか、世の批判から目をそむけ耳を塞いだような印象しか与えない。掲示板への書き込みやメールで寄せられる厳しいコメント一つひとつにお詫びと反省の弁で返せれば理想だが、それができなくても、できるだけ誠実に対応しようとする姿勢を示すことが望ましい。

　また、ネット上で炎上すると、従来からある既存マスコミだけでなく、これまで聞いたこともないオンライン上のメディアから取材依頼が入ることもあるだろう。こうした取材にはわけ隔てせず、すべてのメディアにできるだけ真摯に、丁寧に応じることをおススメする。自分が知らないだけで、ネット上では影響力があったりするものだ。ここでもしっかりと詫びて対応や再発防止策について説明し、少しでも失点を取り戻したい。

097 炎上からリカバリーする7つのステップ

① 迅速かつ、ネット親和性の高いお詫びを実施

　前述した通り、自分たちに非がある炎上の場合、「すぐに詫びる。ネットで詫びる」が大原則だ。その際は、HTMLやYouTubeを使うなどいろいろなサービスにリンクされやすい形で詫びないと効果的に伝わらない。自社ホームページのトップページではなく、下の階層にこっそりと「○○について」などのリンクを貼り、そこをクリックすると別のウィンドウが開いてようやくPDFのお詫び文が出てくる、などというネット上の親和性が低い形をとると、お詫びが十分かつ迅速に拡散しない（お詫びなのだからその方がいいというのは見当違いだ）。

　このお詫び文だが、一定期間を経た後、削除する企業が少なくない。ネットユーザーにはいつ削除するか毎日観察している人もいれば、まとめサイトや別のソーシャルメディアに削除される前の画面キャプチャーや文書そのものをアップロードする人もいる。一度出したお詫びを引っ込めると、それがまた炎上を呼ぶことにもつながりかねない。消したい過去であっても失敗は失敗と潔く受け止め、そのまま何年でも削除せずに残しておいた方が無難だし、誠実な態度だと好感を持って受け止められることの方が多いだろう。

② 問題ある箇所の削除

　ツイートやFacebookの記事などで、不適切な発言や写真掲載をしてしまった場合は、まずは該当記事だけを削除し、代わりにお詫びを載せよう。削除するのはその記事を見て不快に思う人をこれ以上増やさないためで、正当な行為と言える。ただ黙って消したり、サイトそのものを閉じたり、アカウントごと削除してしまうと、慌てて消したとか隠ぺいなどと受け取られてしまうので、それはNGだ。

③ 丁寧な説明を繰り返す

　お詫びする際は、何が悪かったかの問題認識を明らかにしよう。これがないと炎上したから形だけ謝ったが、何がいけなかったかは本当に分かってい

ないのではないか、との疑念を抱かせることになりかねない。また、原因と対応、再発防止策、関係者の処分（の方針）なども、同時かなるべく早く公表しよう。関連する取材もできるだけ受け、しっかりと反省し改善しているという印象をできるだけ広く伝えるようにしよう。

④　ネット上の評価を見極める

その間も、ネット上の声に耳を傾け続けることが重要だ。炎上がまだ続いているなら、お詫びが足りなかったり、反省が十分伝わっていないことが考えられる。コメント数が減り、声のトーンも厳しさが和らいでいるなら、少しずつ、対応が評価を得ている証拠だ。

⑤　果敢に再度チャレンジする

一度炎上すると、萎縮して再度チャレンジする意欲がなくなりがちなのは理解できる。しかし過去の例を見てみると、あえて閉鎖や中止をせずに再チャレンジして、却ってネット上の評価を高めたケースもある。失敗を糧に、建設的なネットユーザーの声を聞き入れ、新たな企画に取り入れることで、キャンペーン自体が大成功に終わった例もある。またネットユーザーの間には、一度は叩いたとしても、失敗を失敗と認め、謝罪して再発防止に努めているならば、果敢に再チャレンジした企業を応援したくなるムードがあるようだ。再チャレンジはリカバリーへの近道としてぜひ取り組んでほしい。

⑥　ネット上の評価をしっかりとモニターする

再チャレンジ時には、失敗した前回まで以上に、ネットユーザーの声や指摘に耳を傾け、可能な限り、迅速に細かな修正にも応じていくことだ。それはまたユーザーの参加意欲を増すことにもつながる。

⑦　ネットのインタラクティブ性を尊重する

炎上に限らず、ソーシャルメディアを使ったコミュニケーションの失敗は、ネットの特性であるインタラクティブ性を尊重せずに起こることが多い。折角双方向のコミュニケーションが可能なのに、コメントも受け付けない、ユーザー同士の交流もできない、といったものでは、ソーシャルメディアを使う意味がない。逆にインタラクティブ性を存分に生かした企画を実施し、ユーザーから高い満足を引き出せれば、炎上後のリカバリーもしっかりなされたと自覚できることだろう。

> コラム 5

ROC と相手本意

　広報にとって一番重要なことは何か。それは、「誰に、何を伝えて、どうして欲しいか」ということです。
　これを広報にかかわる人が、きちんと頭で理解して、腹に落として、自分の口で説明できることが大切です。
　例えばニュースリリース一つ書くにしても、これが曖昧では話になりません。「誰に」はターゲットのことです。ニュースというのは日本全国津々浦々すべての人が「それはニュースだ！」と思うようなことはそうそうなく、大概は人によって受け止め方が違うものです。したがって、誰にとってのニュースなのか、誰がそれをニュースだと思うのか、そこから突き詰めなければなりません。それをニュースだと思わない人にとってはニュースどころか情報ですらなく、単なる雑音でしかないのです。
　「何を」というのはメッセージです。今、そのターゲットに一番伝えたいこと、それがメッセージです。メッセージは短く、単純な方が伝わります。しかし、落とし穴もあります。一番伝えたいことが本音では困る場合があるのです。例えば、新製品のニュースリリースのメッセージなら、「買ってほしい」が本音でしょう。しかし、それでは届きません。届かせるためには、ターゲットの視点に変換が必要です。「体脂肪を減らします」と言えば、買ってくれる人も出てくるでしょう。
　「どうしてほしいか」はターゲットにメッセージを伝えて期待する、引き出したいアクションです。株を買って保持してほしい、製品を買ってほ

COLUMN 5

しい、リクルーティングにエントリーしてほしい、などが具体的なアクションです。こうしたアクション、言い換えれば見返りを得るためには、ターゲットを動かすことが必要です。人を動かすには、その人をその気にさせなくてはなりません。その気にさせるには、他人事ではなく、自分事だと思わせることです。ターゲットをより精緻に選別し、「あなたはこれにお困りだが、これを使えばもう大丈夫」と言ってあげられればその気にさせられるでしょう。それと同じことです。

　「誰に」「何を伝えて」「どうしてほしいか」の３つは、いずれも重要ですが、あえて優先順位をつけて一番重要なものを選ぶとしたら、「誰に」でしょう。コミュニケーションは相手があって初めて成立します。相手の立場に立って、相手が何を望んでいるかを把握したうえで、できるだけそれに応えていく――それがコミュニケーションの王道ではないでしょうか。筆者はそういった考え方を説明するのに、ROC（Recipient Oriented Communications）という造語を使っています。Recipient というのは受け手、コミュニケーションの相手のことで、ROC とは相手指向のコミュニケーション、といった意味です。広報にとどまらず、コミュニケーションの巧緻はすべて ROC かどうかにかかっており、その極意は「相手本意」（本来、本位ですが、コミュニケーション＝意思の疎通から、意という字を当てています）だと強く確信しています。

VII

トップ直結の広報を目指す

広報100のテクニック
098-100

「社長は最高の広報マン」─よく言われることである。社長は会社のことをもちろん誰よりもよく知っているし、経営の方向性や戦略など、すべてにわたって答えられる立場にいる。記者をはじめ外部の人が経営トップの話を聞きたがるのは当然だろう。経営トップがステークホルダーの前に出てコミュニケーションを図ることは、それを広報と自覚しているかいないかは別として、会社の最高責任者としての責務である。しかし、中には広報への関心が低いトップもいることだろう。この章では広報が経営トップにどう働きかけていくことができるか、そのヒントを述べたい。

098 トップに広報マインドがない！

　一般財団法人経済広報センターが2002年に実施した『第8回企業の広報活動に関する意識実態調査報告書』では、広報担当責任者が経営トップと定期的に打ち合わせを行っている企業は4割弱ということだった。それが2011年に行った調査では、広報活動における経営トップとのコミュニケーションの満足度について、全体の9割弱が「満足」と感じている。この10年でトップの広報への関与や理解が進んだと見ることができるだろう。しかし、トップとは定期的に会ってはあるが、広報への理解は得られていないという悩みを持つ広報責任者も少なくない。トップに広報マインドがない場合、どうしたらいいのだろうか。ここではトップが広報に関心を寄せるきっかけとなりうるアクションをいくつか提案しよう。

① **社長のパブリシティを積極的に行なう**
　あるメーカーの社長は技術畑出身で人前で話すのも苦手、記者に会うのもしぶしぶだった。ところが、広報が行なっている社会貢献活動のパブリシティを見た顧客から懇親会で声を掛けられたり、元同級生と一緒に月刊誌に出たことの反響が大きかったりで、次第に広報の重要さに気がつきだした。メディアの影響力を身をもって体感したことで、広報の上手い下手が経営にも無関係でないことを悟ったわけだ。

② **メディアトレーニングを受けてもらう**
　記者役と一対一で行なうインタビュートレーニングでもいいが、広報の重要性を知ってもらうには、クライシスを想定したメディアトレーニングが効果的だ。まずい広報対応は命取りになること、しかも危機状況下では自分が率先してメディアや地域住民に説明しなければならないことを実感してもらえる。特に最近は経営者の危機管理に対する関心が高いため、良いチャンスかもしれない。トレーニングは代理店を使うケースが多いだろうが、事前にトップに広報の重要性を理解させたいという狙いも伝えておけば、ちゃんと考慮したトレーニングをやってくれるだろう。

③　メディアのキーマンとの関係構築を図る

　三十数年記者をやってきた人たちの中には、高度成長からバブル、その崩壊と、昭和・平成の経済史や多くの経営者を、その時々の最前線で見てきたためか、非常に魅力的な人が多い。こういったシニアレベルのメディアのキーマンたちと意見交換や情報交換をしたいと望むトップは少なくない。もし、つてがあれば、是非そのお膳立てをしてあげるといい。しかしその場合には、トップには会社の売り込みは極力控えてもらい、関係構築が目的であることをしっかり伝えておいた方がいいだろう。そしてトップに会ってもらうメディアのキーマンに、それとなく広報の重要性を語ってもらうと効果的だ。

④　広報代理店に相談する

　もちろん、ある商品を広報の働きでヒットさせれば、トップが広報を見直すということもあるだろう。広報担当者はまずそういった本筋を行くべきだ。その一方で、広報代理店に「トップに広報の重要性を認識させたい」と希望を伝え、上の3点のようなアクションを戦略的に仕掛けてもらう手もある。広報の立場からトップの相談にのるコンサルティング能力があれば、半年から一年くらいの期間をかけて、トップに広報マインドを理解してもらうことだって不可能ではないはずだ。

トップに広報の仕事を気づかせる4つの提案

- 社長のパブリシティを積極的に行なう
- メディアトレーニングを受けてもらう
- メディアのキーマンとの関係構築を図る
- 広報代理店に相談する

099 広報の社内地位を いかに上げていくか

　トップには広報の役割を認められているが社内の協力が上手く得られない、あるいはトップにも社内の人にも全く広報の理解が得られない、という嘆きを聞くことがある。企業の広報は事業という中身があってこそのものだから、社内から期待や評価も寄せられないと非常に辛い。しかし諦める前に、もう一度広報の基本に返ってみるといいかもしれない。

① ターゲットを特定する

　社内といっても実に様々な価値観や方向性を持った人たちがいるだろう。広報にとって一番重要なステークホルダーはどの部署だろうか。あるいはその部署の誰だろうか。つまり、広報が動きやすくなるために、誰の意識を変えればいいのかを特定するのだ。

② その人のニーズをもとにアクションを起こす

　ターゲットが絞られたら、その部署なり人なりが、一番関心を持つことは何なのか、それを探ろう。その人に向かって、「広報はウチの会社が社会で共存していくために必要不可欠な活動であり市民であるから…云々」と言ってみたところで、すぐに理解は得られないだろう。もしその人が、「私はとにかくこの売れない建材を一刻も早く倉庫から売りさばかなければならないんだ」と言うなら、広報（自分）は何ができるかを考え、即行動に移そう。

③ 何度でも繰り返す

　それが首尾よくいけば万々歳。さらにその人のために広報活動を続けてみる。その人はキーマンだからこそターゲットになっているのだろうから、他の部署にも評判は伝わっていくだろう。努力しても結果が出なくても、それでも諦めず、また別の角度から助けとなるよう手を尽くしかない。

④ 他部署の現場に足を運ぶ

　とかく広報は「頭で考えるだけ」と思われがちだ。フィールドに出ている人たちと同じ目線、同じ地平に立って活動すると、彼らのニーズや苦労も見えやすくなるし、逆にこちらの仕事も見てもらいやすくなる。

広報の社内地位を向上させる

- キーマンを探す
  - 広報の基本 ターゲットの特定
- その人のニーズ（課題）をつかむ
  - 広報の基本 広報の実践
- アクションを起こす
  - 広報の基本 継続して行なう
  - 広報の基本 好意的な見返りを期待して行なう
- 繰り返し行なう

100 広報がトップ直結でなければならない3つの理由

　広報はトップ直結でなければならないとよく言われるが、ここではその理由として、①マスコミのトップ狙い、②トップの意思が情報発信のアングル（切り口）を決める、③トップは存在自体が広報、の3点を挙げたい。

　まずは①の「マスコミのトップ狙い」だ。この場合のトップとは、普通は社長を指す。しかし、社長一人とは必ずしも限らない。代表権のあるなしなどにはこだわらず、その会社のかじ取りを担う経営者層とご理解いただきたい。トップはその会社の顔として位置づけられるため、その人となりや言動、表情は、その会社の顧客、株主、アナリスト、取引先などに共通の関心事となっている。こうした会社の方向性を左右するトップの発言は、その発言自体がニュースとなるため、記者は通常、こうした人を取材したがる。部長や広報担当者が言っただけでは記事にならなくても、社長が同じことを言えば記事になることはよくある話だ。「トップは最良の広報マン（スポークスパーソン）」ともよく言われる。トップを上手く活用する（トップもまた上手に活用される）ことが、その会社の広報レベルを高めることにつながるのだ。

　②の「トップの意思が情報発信のアングル（切り口）を決める」については、やや実務的すぎるかも知れないが、重要なポイントだ。新製品・新サービスでも、機構改革でも、増資やM&Aでも、企業が何らかの情報発信をしようとするとき、その情報は必ず複数の切り口を持っている。例えば新製品であれば、企業側からの視点で初年度にどれだけの売上高を見込むかといった切り口もあれば、消費者（ユーザー）側からの視点で機能上のメリットを切り口とすることもできる。またM&Aであれば、単純に「A社を120億円で買収」といった切り口か、新たな市場参入や異業種参入といった買収目的を切り口とするか、といった具合だ。

　このように、複数の切り口（見せ方＝アングル）の中からどれか一つを選ぶ作業を本来すべきなのだが、深く考えず一つの切り口しかないと思い込んでしまっているケースも少なくないのではないか。もしそうであれば、それ

はその情報（発信）をどう受け止めてもらいたいか、アピールを放棄していることであり、非常にもったいない話である。

　特に重要な、経営上の意思決定を発信する際、複数の切り口から何を基準に一つを選ぶかと言えば、やはりトップの意思が尊重されるべきだろう。それを踏まえたうえで、ニュース性やマスメディアの特性などを考慮して、広報として一番効果が得られそうなものを提案することが理想的だ。この点からも、広報はトップ直結であるべきなのだ。

　③の「トップは存在自体が広報」とは、トップの存在とその言動は、意識しているか無意識か、好むと好まざるとにかかわらず、既に広報そのものだということだ。トップには経営、マネジメントというトップの仕事があり、広報ではないよ、と思われるかもしれない。しかし、トップは企業価値の向上を図り、顧客のニーズに応え、従業員の生活を守り、株主がいれば利益を還元し、社会的責任を果たしていくために、様々なステークホルダーとよい関係を築くことに日々、取り組んでいるはずだ。この点をして、トップはそこにいるだけで、すでに広報そのものと言えるのである。従って、トップ広報は、するしない、ではなく、意識しているか無意識か、もっと言えば巧いか下手か、ということになる。

　ただし、だからと言ってトップに広報の仕事として、新たに何かしてもらう、ということではない。高い広報マインドを持ち、積極的な情報発信を進んで行ったり、ステークホルダーには傾聴の姿勢で接してくれればありがたいが、トップにはトップの仕事がある。その仕事をしっかりとやっていただき、その中で、ステークホルダーに知ってもらいたい言動を広報が逃さず、適切なタイミングでパブリシティやホームページなどの自前のメディアで伝える作業をしていけば、まずは十分だろう。そのためには、トップがいつ、どこで、誰を相手に、どんな話をするのか、またどんな活動をするのか、しっかりと共有することが重要だ。そういったことを続けるうちに、トップの仕事が多くのステークホルダーの理解するところとなり、経営方針や今後の方向性への共感者が増えていくはずだ。次第にトップ自身が広報の重要さを認識し、広報が自分の仕事を助けてくれることを自覚して、広報に意見を求めたり、直接指示するようになるなど、好循環が生まれてくるだろう。

コラム 6

CCO を目指そう

　CCO という役職を導入する企業が欧米では増加しています。CCO は、Chief Communication Officer のことで、最高コミュニケーション責任者などと訳されます。日本語の Wikipedia では「日本では一般的でない」と書かれていますが、「appointed Chief Communications Officer」と Web を検索してみれば、海外企業が CCO を任命したというニュースリリースや記事がたくさん出てきます。

　CCO は一般に CEO（最高経営責任者）にレポートする上級役員で、その企業のコミュニケーション全般の執行責任を負います。この、コミュニケーション全般という点が肝です。従来のように、広報（危機管理広報も含む）や広告、ブランディング、CSR、マーケティングなど、コミュニケーションに関わる部署を別々の責任者が管理するのではなく、一元的に、統合した形で管理する点が特徴です。

　コミュニケーションは単純であればあるほどブレが少なくなり、強力さを増します。広報はシングルボイス、ワンボイスで、とよく言われますが、終始一貫した情報発信は伝わりやすく、誤解されるリスクも少なくなります。いろいろな部署が銘々にコミュニケーションを図るのはいいとして、ブランドや業績、経営方針などに関わることや、経営者の思いなど、人によって解釈が様々では組織として齟齬が生じてしまいます。統一すべきメッセージは多々あります。それをリードするのが CCO というわけです。

　日本でこれがまだ一般的でないのは、まだそこまで企業のコミュニケー

COLUMN 6

ションの重要性やあり方の議論が深まっていないのか、あるいは伝統的な縦割りの企業風土を残しているところが多いのか、他にも理由があるのか、分かりません。しかし、CCOという名称でなくても、広報や広告などコミュニケーションを行ういくつかの部署を一人の上級役員が所管し、コミュニケーション全般の責任者となっている例はいくつかあるようです。

　また、あえてCCOという役職を設けずとも、社長やCEOがその役割を担っている会社も少なくないでしょう。近年では、広報を経験した大企業の社長は珍しくありません。広報課長や広報部長を歴任した経験から、社長になった後、トップダウンで広報体制を強化した例もあります。

　広報経験のある社長が増えていることも含め、広報の重要性が広く知られるようになり、その位置づけが高まっていることに、異論の余地はないでしょう。今後もますます、優秀な人材が広報に配属され、そこで経験を積んだ後、上級役員など、重要なポストに就く人が増えることと思います。そうなった暁には、ぜひCCOを自認し、自分のところに会社のコミュニケーションを統合して、一元的に管理することに取り組んでいただきたいと思います。きっと、よりステークホルダーに喜ばれるコミュニケーションを実践しやすくなることでしょう。

おわりに

　2004年初めに発売されて以降、本書は筆者にとってもかけがけのないものとなった。「ご著書を読んで……」と連絡をいただき、その後お仕事をご一緒させていただいた方、公私ともにお付き合いさせていただくようになった方は少なくない。本書をきっかけとした人との出会いや仕事の積み重ねが、筆者にとって大きな転機となり、今に至っていることを考えると、非常に感慨深いものがある。

　嬉しいことも度々あった。講演やセミナーで講師を務めた際、終了後にわざわざ挨拶に来てくださり、「『広報担当の仕事』を読んで勉強し、今の会社に入社して希望通り広報の仕事に就くことができました」と報告してくださった新任広報担当者の方。「あの本は今までに読んだ関連書の中で一番良かった。部員全員に買って読ませました」とおっしゃってくださった広報代理店の方。「すみません、自分では買っていませんが、広報部では代々受け継がれて読まれています。もうボロボロです」と教えてくださったビールメーカーの方などなど。なかには、「あの本で紹介しているあのテクニックは私が（筆者に）教えたものだよね」などと、冗談交じりに確認されるベテラン広報マンの方なども。ともあれ、筆者の知らないところで本書がいろいろな方々に読まれ、役に立っていることをお聞きするのは至上の喜びとなった。

　今回、出版社の東洋経済新報社から改訂のお話をいただき、改めて一通り読み返してみた。中には電話番号やホテル名などアップデートが必要な個所もあったが、本文で紹介したテクニック（知識やノウハウ）や、サンプルとして掲載した資料の類は、ほとんどが従来のままで、今でも実務で使えると判断した。しかし、それは実は当たり前の話だったりもする。なぜなら、本書で解説している「100のテクニック」は、いずれも筆者が頭の中で勝手に考えたものではなく、これまでに多くの会社でたくさんの広報担当者が試行錯誤してたどり着いた「ベストプラクティス」といってよく、その有用性を筆者が身をもって体験したものを選りすぐっているためだ。そうしたテク

ニックは10年やそこらで時代遅れとなったり、陳腐化するものではないことを、筆者自身、今回改めて感じたところである。

資料類は大幅に手を入れなかった一方で、コラムはすべて書き起こした。改訂前のコラムには、広報業界やマスコミで今もまばゆい活躍を続けておられる6名の諸氏から、新たに広報担当者になられる方へのエールやメッセージをいただき、インタビュー形式で掲載していた。いずれも金言と言える非常に意義深いお話で、それこそ今でも色あせない内容ではあったが、お話を伺ったのが10年以上前ということと、多くの方の肩書がその後変わられたことなどから、この改訂にあたりすべてを筆者のコラムに差し替えた。この場を借りて6名の諸氏に改めてこれまでの御礼を述べたい。

最後に、改訂のお話をいただいた東洋経済新報社ビジネスプロモーション局の井坂康志氏と改訂にあたり全面的にご協力いただいた、出版局書籍編集部の中村実氏に心から感謝の言葉を贈りたい。

資 料

▼

発表会事前チェックリスト
会場下見チェックリスト
会見までのスケジュール表
招待状
返信票
進行表・進行台本
汎用想定質問集
会社概要
会見礼状

緊急性レベルの判断フロー
3つの緊急性レベル
プロフィール（日本式）
プロフィール（翻訳式）

発表会事前チェックリスト

1. 発表会実施に向けて　　　　　　　　　　　誰が　　　　いつまでに
   - ☐ 会場手配　　　　　　　　　　　☐（　　　）By　／　．
   - ☐ 誘致メディアリスト　　　　　　☐（　　　）By　／　．
   - ☐ 登壇者名・正確な肩書き　　　　☐（　　　）By　／　．
   - ☐ スケジュール表　　　　　　　　☐（　　　）By　／　．
   - ☐ 進行表　　　　　　　　　　　　☐（　　　）By　／　．
   - ☐ 案内状　　　　　　　　　　　　☐（　　　）By　／　．
   - ☐ FAX返信票　　　　　　　　　　☐（　　　）By　／　．
   - ☐ 会場レイアウト図　　　　　　　☐（　　　）By　／　．
   - ☐ 通訳手配　通訳ブース手配☐　　☐（　　　）By　／　．

2. プレスキット関連
   - ☐ リリース　　　　　　　　　　　☐（　　　）By　／　．
   - ☐ 補足資料　　　　　　　　　　　☐（　　　）By　／　．
   - ☐ プレゼン内容の配布資料　　　　☐（　　　）By　／　．
   - ☐ 製品紙焼き　　　　　　　　　　☐（　　　）By　／　．
   - ☐ 製品ポジ　　　　　　　　　　　☐（　　　）By　／　．
   - ☐ 登壇者プロフィール　　　　　　☐（　　　）By　／　．
   - ☐ 登壇者ポートレート　　　　　　☐（　　　）By　／　．
   - ☐ 会社概要　　　　　　　　　　　☐（　　　）By　／　．
   - ☐ ブローシャー類　　　　　　　　☐（　　　）By　／　．
   - ☐ プレスキット・フォルダ　　　　☐（　　　）By　／　．
   - ☐ レターヘッド　　　　　　　　　☐（　　　）By　／　．
   - ☐ 同時発表の他社リリース類　　　☐（　　　）By　／　．
   - ☐ ギブアウェイ　名入れ☐（品名　　　）（個数　　　）☐（　　　）By　／　．
   - ☐ 角2定型外封筒　　　　　　　　☐（　　　）By　／　．
   - ☐ 長3定型封筒　　　　　　　　　☐（　　　）By　／　．
   - ☐ 手提げ紙袋　　　　　　　　　　☐（　　　）By　／　．

3. プレゼン（発表）関連
   - ☐ 登壇者用プレゼン制作　　　　　　　　　　　☐（　　　）By　／　．
   - ☐ 登壇者用プレゼンの出力（PC・OHP・スライド）☐（　　　）By　／　．
   - ☐ プレゼン内容の配布資料の印刷　　　　　　　☐（　　　）By　／　．
   - ☐ デモ・展示品　手配・搬入　　　　　　　　　☐（　　　）By　／　．

会場下見チェックリスト

1. 下見前の決定事項
   - □日時
   - □人数（会見　　　名、会食　　　名）
   - □会場名
   - □控え室
   - □下見日時（　　月　　日　：　）
   - □会場担当者名

2. 会場下見・打ち合わせ時
   - □発表会場名（誘導掲示板、行灯の文案）
   - □記者席セッティング（スクール形式　　　名＝　　席×　　列）
   　　　　　　　　　　（その他　　　　　　）
   - □ステージセッティング（演台あり□なし□、登壇者席　　席）
   - □看板（自立□中吊□、入稿締め切り日　　　）
   - □プロジェクタ／スクリーン／OHP設置場所
   - □照明：コントロール盤の位置、ライトアップ・ダウンの方法・具合
   - □電源の位置
   - □延長コード 手配□
   - □録音デッキ 手配□（　　分、テープ□）
   - □標準で有線マイク数（　　本）
   - □標準でワイヤレスマイク数（　　本）
   - □卓上スタンドマイク 用意□
   - □司会スタンド 用意□
   - □ビデオデッキ 手配□
   - □モニター手配（　　インチ×　　台）
   - □飲み物（種類　　　）（個数　　名分／出た分　　　）
   - □おしぼり 用意□
   - □登壇席に水 用意□
   - □駐車券 用意□
   - □会場地図 手配□

3. 会場当日
   - □登壇者の並び順 最終チェック
   - □登壇者のネーム（テントカード）／誤字脱字 最終チェック
   - □照明：プロジェクタの映り、コントロール
   - □音響：ボリューム
   - □流すビデオ（VHS）セット□
   - □Q&A用ワイヤレスマイク
   - □製品展示台
   - □製品文字パネル

4. 受付
   - □プレスキット
   - □予備プレスキットコピー
   - □製品カタログ
   - □ギブアウェイ
   - □清刷・紙焼き・ポジ
   - □ネームプレート（スタッフ用□、記者用□、登壇者用□）
   - □名刺受
   - □芳名帳
   - □サインペン
   - □カメラ
   - □ハサミ・カッター・のり・両面テープ・ホチキス
   - □今回の案件の制作物（資料のファイル□、データ□）
   - □招待状送付先リスト
   - □出席予定者リスト

会見までのスケジュール表

担当：×××CORP 広報部

あと	日付	曜日	予定	個別誘致	配付資料	プレゼン	ギブアウェイ	IT部デモ	ネット接続
−12	2	木						ブリーフィング	
−11	3	金			作成開始	作成開始			
	4	土			↓	↓			
	5	日			↓	↓			
−10	6	月	招待状送付	開始	↓	↓		デモ機準備	
−9	7	火		↓	↓	↓	手配		
−8	8	水		↓	↓	↓	↓	デモ要員研修	
−7	9	木		↓	↓	↓			
−6	10	金		↓	↓	↓			
	11	土							
	12	日							
−5	13	月	ミーティング	↓	経過確認	経過確認	経過確認	ミーティング	会見下見
−4	14	火		↓	↓	(動作確認)	↓	パネル準備	NTT
−3	15	水		締切	↓	↓	↓	↓	↓
−2	16	木		フォロー	↓	↓			
−1	17	金	社内リハ		印刷・セット		納品	パネル完了	工事完了
	18	土							
	19	日						デモ機搬入	
0	20	月	本番		持ち込み	持ち込み	アセンブル	朝チェック	テスト

担当：××広報代理店

あと	日付	曜日	予定	招待状	進行表	進行台本	リリース	会社概要	プロフィール
−15	30	月		開始					
−14	31	火		↓			開始	更新	開始
−13	1	水		ドラフト提出			↓	↓	↓
−12	2	木					↓	完成	↓
−11	3	金		最終版確定	開始	開始	↓		↓
	4	土							
	5	日							
−10	6	月	招待状送付	FAX送信	↓	↓	↓		↓
−9	7	火			↓	↓	↓		↓
−8	8	水			↓	↓	↓		↓
−7	9	木			↓	↓	↓		↓
−6	10	金			↓	↓	↓		↓
	11	土							
	12	日			↓	↓			
−5	13	月	ミーティング		提出	提出	経過確認		経過確認
−4	14	火					↓		↓
−3	15	水					↓		↓
−2	16	木					↓		↓
−1	17	金	社内リハ				印刷・セット	印刷・セット	印刷・セット
	18	土							
	19	日							
0	20	月	本番				アセンブル	アセンブル	アセンブル

招待状

○年○月○日

報道関係各位

○○株式会社

○○記者発表会のご案内

拝啓 ○○の候 ますますご清栄のこととお慶び申し上げます。
さて、〔リード文／(展開例)市場背景→開発の必要性→製品化・商品化の成功〕

つきましては、○○に関する詳細をご説明いたしたく、下記の要領で記者会見を開催させていただきます。皆様には貴重な機会のご提供となるものと存じます。
時節柄ご多用とは存じますが、何卒ご出席賜りますようお願い申し上げます。　　敬具

記

〔日時〕○年○月○日(火)　　12:00～13:00 記者会見
　　　　　　　　　　　　　　13:00～14:00 懇親会(ご昼食)
〔会場〕ホテル○○ 本館 宴会場階 ○○の間(電話:03-XXXX-1111)
〔アクセス〕最寄り駅:地下鉄丸ノ内線・銀座線 赤坂見附(7番出口)
　　　　　　地下鉄半蔵門線・有楽町線・南北線 永田町(7番出口)徒歩8分
〔出席者〕　○○株式会社 代表取締役社長　　○○ ○○
　　　　　　○○株式会社 取締役営業本部長　○○ ○○
　　　　　　株式会社○○ 代表取締役社長　　○○ ○○　他
〔内容〕○○の市場投入の背景、販売戦略、初年度の目標など

以上

誠にお手数ではございますが、○月○日(金)までに添付のFAX返信票にてご出欠をお知らせ下さいますようお願い申し上げます。

この記者会見に関するお問い合わせ先
○○株式会社 広報担当○○
TEL ××-××××-××××　FAX ××-××××-××××
e-mail ×××@×××.co.jp

返信票

ロゴ

FAX:XX-XXXX-XXXX
○○株式会社
○○行
TEL:XX-XXXX-XXXX

○○株式会社　○○記者発表会
ＦＡＸ返信票

ご出欠	ご出席 ・ ご欠席　○でお囲みください
貴社名	
貴媒体名	
部署名	
ご芳名	
ご同行者	有（　　　名）　・　無
お電話	
Email	

〔日　　時〕○年○月○日（火）12：00～13：00
〔会　　場〕ホテル○○ 本館 宴会場階 ○○の間（電話：03-××××-1111）
〔アクセス〕地下鉄丸ノ内線・銀座線 赤坂見附（7番出口）
　　　　　　地下鉄半蔵門線・有楽町線・南北線 永田町（7番出口）徒歩8分

進行表・進行台本 (1/6)

×××記者会見
進行表・台本

日時：○○年○○月○○日(月)11:00 ～ 13:30
会場：ホテル○○(連絡先)○○区○○町1-1　Tel. ××-××××-××××
　　　記者会見：　　　○○の間(本館宴会場階)
　　　記者懇談会：　　○○の間(本館宴会場階)
　　　控え室：　　　　○○の間(本館アーケード階)

《進行表》

【準　備】	○○の間	
8時00分	オールスタッフ集合(○○の間)	
	搬入・セッティング スタッフ集合(○○の間)	
	プロジェクター調整など	
	×××CORP新製品、展示用パネルの調整	
9時00分	登壇者集合(○○の間)	
	エグゼクティブ・ブリーフィング	
9時30分	リハーサル・テクラン	
10時30分	登壇者は控え室(○○の間)へ	
10時30分	受付開始・開場	
【記者発表会】	○○の間	
11時00分	挨拶・進行説明	〔2分〕
11時05分	Mr. XXXスピーチ	〔10分〕
11時15分	Mr. YYYスピーチ	〔10分〕
11時25分	Mr. ZZZ プレゼンテーション	〔20分〕
11時45分	質疑応答	〔5～10分〕
12時00分	終了	
	○○の間へ誘導	
【記者懇談会】	○○の間	
12時00分	開始(時間前後)歓談・展示見学	
13時00分	終了	
13時30分	撤収	

進行表・進行台本（2/6）

《台本》

10時30分　受付開始

（ライト）最適点までダウン
　　→担当D

（受付）名刺2枚方式。名刺を入れたクリアネームホルダーと、プレスキットを手渡しする
　　→担当E・F
　　一段落後、出席者確認、手書きでリスト作成→コピー

（受付）※常時受付にて待機。遅れた出席者や中途退出者、資料ピックアップに対応
　　→ E・F

（到着記者の誘導）
　　→担当B・C

（ビデオ再生スタート）キュー：10時30分（開場）
　　→操作D

（登壇者誘導）キュー：10時55分
　　→担当B

（ビデオ再生ストップ）キュー：10時59分
　　→操作D

（ライトアップ）キュー：ビデオストップ後
　　→操作D

11時00分　挨拶・進行説明　MC：A　〔5分〕

●挨拶

本日はお忙しいところお集まり頂きありがとうございます。
只今よりXXX CORPの記者会見を開始いたします。
私は司会を務めます、XXX CORP 広報のAと申します。
よろしくお願いいたします。

進行表・進行台本 (3/6)

● 登壇者紹介

まず登壇者の紹介をさせて頂きます。

中央が、XXX CORP 社長兼CEO、XXXでございます。

皆様方から向かって右隣が、XXX CORPグローバルマーケティングディレクターYYYでございます。

一番左側が、XXX 株式会社代表取締役社長ZZZ（フリガナ）でございます。

● 進行説明

続きまして本日の進行についてご説明をいたします。

まず、XXXよりXXXの世界戦略と○○の位置づけ、今期の市場展望などについてご説明いたします。

次にYYYより、○○についてのマーケティング戦略についてご説明いたします。

続きましてZZZより、○○についての日本市場での営業展開についてご説明させて頂きます。

皆様からのご質問にお答えする時間はそれらの説明の後にご用意してございます。
本日の会見は、以上の内容を12時までに終了する予定です。

また、隣室に本日の発表内容に関する展示とデモ機、そして簡単ではございますが、ご昼食を用意させて頂きました。

この会見の後、そちらまでお運び頂き、よりご理解を深めて頂ければと存じます。

それでは、お手元のプレスキットの内容を確認させて頂きます。
（一つひとつの資料を掲げて、すべて入っているか確認してもらう）
不備がございました場合、お手を挙げてスタッフにお知らせください。

よろしいでしょうか。

尚、本日同時通訳を入れております。お手元の通訳機のチャンネルを1にすると日本語が、2にすると英語がそのまま聞けるようになっています。ただ今テストで音声を流しておりますので、どうぞチェックをお願いします。
不備がございました場合、お手を挙げてスタッフにお知らせください。

よろしいでしょうか。

進行表・進行台本（4/6）

①11時05分　XXXスピーチ　　　　　　　　　　　　　　　　　　　　〔10分〕

それでは、まずXXXよりご説明させて頂きます。

（ライトダウン）キュー：MCのXXX呼び出し
　　→操作D

〔XXX〕登壇

（PC）キュー：XXXがポーディアムについた時
　　→操作：E

〔XXX〕降壇

XXXからご説明いたしました。

②11時15分　YYYスピーチ　　　　　　　　　　　　　　　　　　　　〔10分〕

続きましてYYYよりご説明させて頂きます。

〔YYY〕登壇

（PC）キュー：YYYがポーディアムについた時
　　→操作：E

〔YYY〕降壇

YYYからご説明いたしました。

③11時25分　ZZZプレゼンテーション　　　　　　　　　　　　　　　　〔20分〕

続きましてZZZよりご説明させて頂きます。

〔ZZZ〕登壇

（PC）キュー：ZZZがポーディアムについた時
　　→操作：E

〔ZZZ〕降壇

（ライトアップ）キュー：ZZZの終わりの言葉
　　→操作D

ZZZからご説明いたしました。

進行表・進行台本（5/6）

①11時45分　質疑応答　〔5〜10分〕

それでは、ここからは質疑応答の時間とさせていただきます。

大変恐縮ではございますが、ご質問のございます方は、挙手の上、こちらからのご指名をお待ちください。係がマイクをお持ちします。

またご質問の前に、媒体名とお名前をおっしゃって頂けますようお願い致します。

加えまして、本日は前に3名座らせて頂いておりますので、誰に対するご質問か、ご希望がございます場合はおっしゃって頂けますよう、重ねてお願い致します。

それではご質問のございます方は挙手をお願いいたします。

> （ワイヤレスマイク）
> 　　→D・E（MCの近場はMCからマイク渡し）

それでは、そろそろお時間が迫ってまいりましたので、ご質問は後、一つ二つとさせていただきます。

それでは、これにて一旦、質疑応答を終了させていただきます。

この後、ささやかではございますが、ご昼食をご用意いたしております。
お部屋はこの隣、ドアを出られて左奥の○○の間でございます。
こちらへは、本日の登壇者と私どものスタッフも参りまして、皆様とお食事をご一緒しながら、ご質問などにお答えさせていただきます。
皆様、どうぞこちらへもぜひお気軽にご参加ください。

尚、プレスキットと一緒にお渡ししたアンケートは、今ご回答を頂くか、隣室でお書きいただければ大変ありがたく存じます。今後の広報活動の参考にさせて頂きます。回答用紙はお部屋の出口にいる広報スタッフにお渡し下さい。

> （隣室への誘導）
> 　　→オールスタッフ（アンケート用紙の回収）

進行表・進行台本（6/6）

12時00分　デモ&記者懇談会（○○の間）　〔60分〕

（受付）
　→帰る記者からクリアネームホルダーを回収

13時00分　終了

会場の都合により、そろそろお時間とさせて頂ければと存じます。

本日はXXX CORP XXX説明会にご出席頂きましてありがとうございました。

13時30分　撤収

（撤収）
　→オールスタッフ

資料

汎用想定質問集（1/2）

〇年〇月〇日

汎用想定質問（業種：メーカー）

【〇〇市場全般】
・市場構造はどうなっているのか（大手は何社・トップ3は・棲み分けはされているか）
・市場規模は（販売数・売上高ベース）
・市場参入している各社のシェア状況は
・市場特性は（ここ数年の動きは）
・シェアNo.1というが、どこに強みがあるのか
・国内で貴社のシェアが大きくない理由は
・この〇〇が市場に投入されると市場はどう変わると思うか

【開発・投資について】
・投資額は
・〇〇市場のここ数年の動きを見ると、あまり伸びや拡大がないが、なぜ貴社はこの分野で多額の投資をしてきたのか
・投資の回収はいつ頃と見込んでいるか
・投資のタイミングとして今を選んだ理由は
・他に貴社が多額の投資をしている大きな開発案件は進行しているか

【販売戦略について】
・製品化の予定はいつ頃、価格帯は
・今ある他の製品に比べてコストはどうか（イニシャル、ランニング）
・最大のライバル（社・製品）と、それとの差別化は
・他の製品とのシナジーは期待できるのか
・製造体制は
・販売チャネルは

【製品について】
・他社製品との明快な差別点は？ 最大の特長は
・開発のきっかけは
・〇〇分野以外の製品への転用は可能か？ 可能なら具体的には
・これは今まで誰も思いつかなかったアイディアの結果なのか、新素材の開発などによる科学的なアプローチの結果なのか
・特許や実用新案は、どこの国でどれくらい取得しているか
・開発総費用は
・開発総期間は
・開発にあたった総スタッフ数は
・開発中のエピソードを何か一つ、二つ
・現在の貴社製品群の構成にこの製品は影響を与えるか
・この製品はユーザーのどういった問題解決に貢献することができるか

汎用想定質問集(2/2)

・ラインナップにおいてどういった位置づけか

【提携・共同開発について】
・どちらからいつ頃持ちかけたのか
・提携の範囲と期限は
・人事交流はあるか
・会社設立の予定は
・契約(あるいは出資、投資)の額は
・役割分担は
・なぜ相手が○○だったのか
・△△と■■の提携への対抗策か
・いつ頃にどういった結果を見込んでいるか
・何人体制で臨んでいるか

【○○社について】
・事業内容は
・アジア、日本での展開は
・ライバル企業は

【親会社○○について】
・事業内容は
・アジア、日本での展開は
・グローバルで最も注視しているライバル企業は

【経営者について(一対一のインタビュー時)】
・最近気になっている業界動向について教えて下さい
・世界経済、アジア経済についてはどう見ているか
・最近のデフレや世界的な不況について、どう考えているか
・円高の影響で、輸出の多い○○社はどういった新たな対応をとっているか
・今の株安傾向は続くと見ているか
・コーポレート・ガバナンスで何か取り組みをしているか
・企業の不祥事が続いているが、コンプライアンスの取り組みは
・内部告発についてどう思うか
・あなたの後継者は○○さんという噂だが、実際のところは
・現在の貴社の株価をどう思うか
・なぜ自分が社長になったと思うか
・自分の経営を自己採点すると何点
・家族構成は
・趣味は(ゴルフのハンディは)
・健康管理で気をつけていることは

会社概要

〇〇株式会社
会社概要

商号	〇〇株式会社
所在地	本社:×××××××××××××××××××××× 　　　電話:×××××××××××(代) 　　〇〇支社:××××××××××××××××××× 　　　電話:×××××××××××(代)
設立	〇〇〇〇年(昭和〇〇年)〇〇月〇〇日
資本金	〇〇億〇〇万円 (東証一部:コード××××、発行済み株式数××××万株)
従業員数	〇〇人(〇〇年〇月1日現在)
代表者	代表取締役社長　〇〇〇〇
売上高	〇〇〇〇億円(〇〇〇〇年度)
事業内容	1. ××××××××××××× 2. ××××××××× 3. ×××××××××××××× 4. ××××××××××××××××××××××××
主要製品	××××××××××× ××××××××××× ×××××××××××××× ××××××××××　ほか
株主	〇〇〇〇〇〇　75% 〇〇　　　　　25%
関連会社	〇〇〇〇株式会社(100%出資子会社)
主要取引先	〇〇〇株式会社 〇〇〇〇株式会社 〇〇〇株式会社

〇〇年〇月1日現在

会見礼状

〇年〇月〇日

各位

〇〇株式会社
広報〇長 〇〇

〇〇記者発表会
ご出席の御礼とお願い

拝啓　〇〇の候ますますご清栄のこととお慶び申し上げます。
さて、昨日は〇〇発表会にご出席賜りまして、誠にありがとうございます。
発表会では、〔キーメッセージ〕などにつきましてご説明させていただきました。
その詳細と、有用性、将来性などを貴紙（誌）読者の皆様にお伝えいただけましたら大変幸甚に存じます。
<u>（以下、入手が困難な専門誌などの場合：また、ご掲載いただきました際には、大変恐縮ではございますがご掲載紙（誌）を一部お送りいただければ幸いです。）</u>
なお、昨日は時間と会場の制限のある中で、できる限り皆様のご関心にお応えさせていただいたつもりではございますが、不備な点もあったことと存じます。お気づきの点がございましたら、今後の課題とさせていただきますので、何とぞご一報いただけますようお願い申し上げます。
末筆となりましたが、皆様の益々のご活躍を祈念致しております。　　敬具

お問い合わせとご掲載紙（誌）のお送り先
　〒〇〇-〇〇　東京都〇〇
　　〇〇株式会社
　広報〇　〇〇
　電話 〇〇-〇〇-〇〇

資料

緊急性レベルの判断フロー

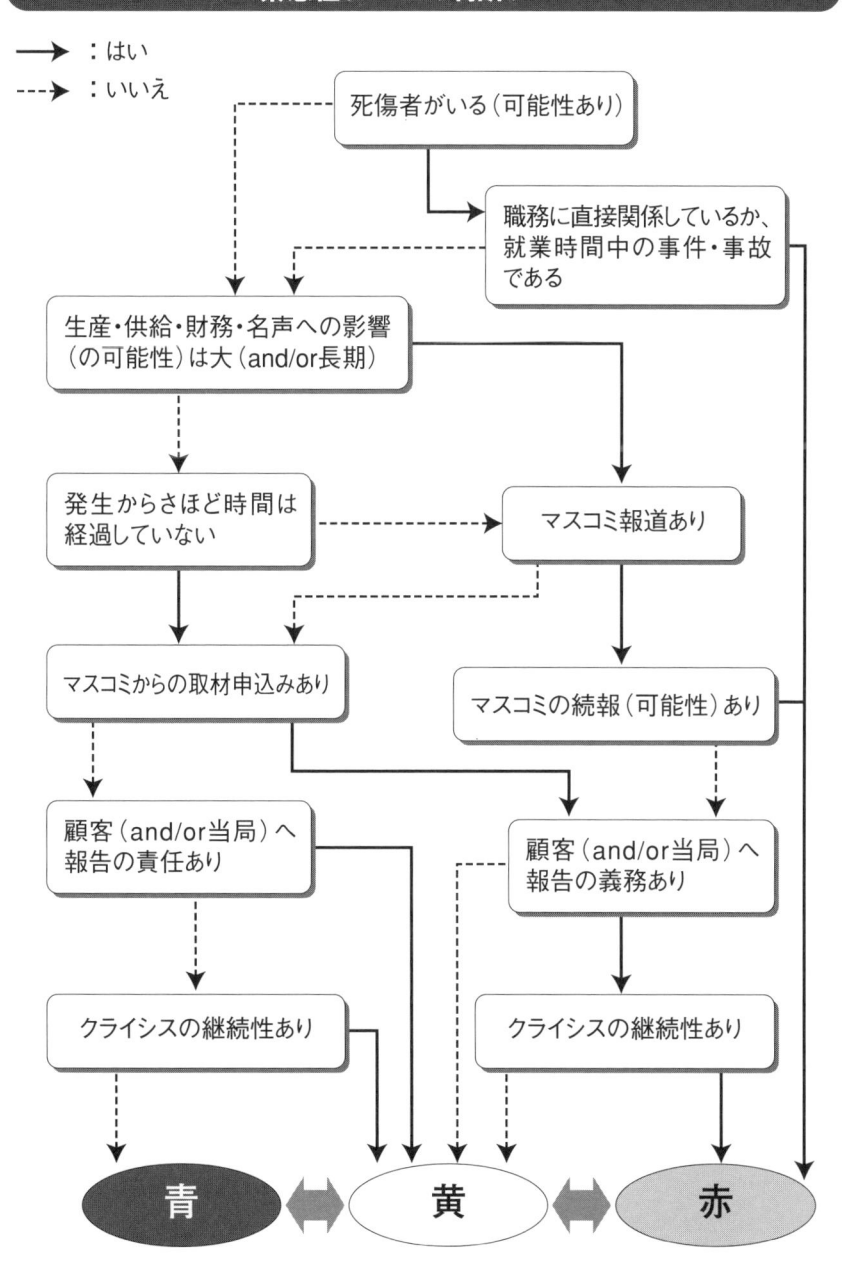

→ ：はい
--→ ：いいえ

- 死傷者がいる（可能性あり）
- 職務に直接関係しているか、就業時間中の事件・事故である
- 生産・供給・財務・名声への影響（の可能性）は大（and/or長期）
- 発生からさほど時間は経過していない
- マスコミ報道あり
- マスコミからの取材申込みあり
- マスコミの続報（可能性）あり
- 顧客（and/or当局）へ報告の責任あり
- 顧客（and/or当局）へ報告の義務あり
- クライシスの継続性あり
- クライシスの継続性あり

青 ⇔ 黄 ⇔ 赤

3つの緊急性レベル

レベル	判断基準	主なケース	アクション
青	● 原因が（ほぼ）特定されており一過性のものである ● マスコミは知らないか、知る可能性は低い	● 工場での小規模な火災（消防車の出動や不審火の可能性を伴う） ● 苦情電話などの抗議行動を伴う工場の周辺住民との軽度なトラブル ● デモ（環境問題関連など） ● ヤクザ、第三者団体などの脅迫、妨害行為 ● 不正などが原因の社員の解雇 ● 海外の生産拠点での事故で、死傷者がない場合 ● 通常の対応では早期解決が困難な商品クレーム	● 現場から報告を受けた危機管理委員会メンバーは危機管理委員会事務局に一報を入れる ● 危管委事務局は緊急事態警報を流す ● 広報部は必要に応じてホールディング・ステートメントを用意し、問い合わせに備える ● すべて記録に残す
黄	● 報道されたが、内容は事実関係が中心で社会的インパクトは少ないと予想される ● マスコミは知っている、あるいは知る可能性が高い（役所への届け出など自主的な発表を含む）	● 製品に関する人体に影響のない苦情の件数が平均的なレベルを超え増加傾向にあり、原因が当社にある可能性が高い ● 役員、社員による事業上の、もしくは社会的インパクトの大きい犯罪 ● 役員、社員の自殺（仕事が原因と考えられるもの） ● 訴訟問題（脱税、特許侵害など） ● 工場でのスト（ロックアウト） ● 警察が調べる規模のオフィスでの盗難、強盗 ● ヤクザ、第三者団体などの脅迫、妨害行為が深刻な支障をきたす場合 ● 海外生産拠点での負傷者が出た事故 ● 海外での製品リコール	● 危管委事務局は危管委リーダーに相談の上、就業時間内で可能な限り早く危管委のうち必要と判断したメンバーを招集する（早朝夜間、休日の場合は次の就業時間まで待つことができる。招集はフルメンバーである必要はない） ● 危管委事務局は緊急事態速報（第一報として）、緊急事態レポート（続報）を出す ● 危管委事務局は対策本部の設置を準備する ● すべて記録に残す
赤	● すでに当社の企業価値や社員に甚大な影響が及んでいる ● マスコミ報道によって当社が甚大なダメージを受ける可能性が高い ● 第2報、第3報と継続的に報道されることが予想される	● 製品が原因で重篤な人的被害（死傷者、傷病者）が発生する ● 海外を含むグループ社員が事件・事故に巻き込まれ、当社の人道的姿勢が社会から問われる事態 ● 海外を含むグループ社員が飛行機事故などで死亡する、あるいは誘拐されるなど（社会的影響が大きい事故） ● 日本国内、海外を問わず工場での死傷者を出す規模の爆発事故、規模の大きな火災（爆破予告、放火予告を含む） ● 日本国内、海外を問わず地震などによる甚大な被害	● 日時場所を問わずいかなる状況下でも危機管理委員会を直ちに招集 ● 危管委は必要に応じて24時間態勢をとる ● 危管委事務局は全社対策本部を設置する ● 危管委事務局は緊急事態警報（第一報として）と緊急事態レポート（続報として）を出す ● すべて記録に残す

プロフィール（日本式）

○○株式会社
代表取締役会長 兼 最高経営責任者（CEO）

東洋　経一郎
<small>とうよう　けいいちろう</small>

【生年月日】
　1961（昭和36）年1月1日生まれ（満53歳）

【略歴】
1985（昭和60）年 3月		○○大学 工学部 電気学科 卒業
1985（昭和60）年 4月		○○株式会社　入社　製造開発本部　開発部
1996（平成 8 ）年 5月		米国○○大学 経営学修士課程 修了（MBA）
1997（平成 9 ）年 3月		技術本部　開発部長
2002（平成14）年 6月		取締役　技術本部長
2005（平成17）年11月		米○○インダストリー社　プレジデント＆CEO
2007（平成19）年12月		○○株式会社　常務取締役 営業本部長
2008（平成20）年10月		専務取締役 営業本部長
2010（平成22）年10月		代表取締役社長
2012（平成24）年 3月		代表取締役会長 兼 最高経営責任者（CEO）

　　　　　　　　　　　　　　　　　　　　　　現在に至る

　　　　　　　　　　　　　　　　　　　　　2014年3月現在

プロフィール（翻訳式）

チャド・M・デイビス
Chad M. Davis
ロック・インダストリー社
Rock Industry Corporation
プレジデント兼 CEO
President & CEO

チャド・M・デイビスはロック・インダストリー社（本社米国ユタ州モアブ、NASDAQ：RID）のプレジデント兼チーフ・エグゼクティブ・オフィサーです。同社はマウンテニアリングをはじめカヌー、マウンテンバイクなどのアウトドア用品を企画製造し世界18カ国で販売する会社です。2012年度の全世界での売上高は約8400億円（1米ドル102円で換算）です。

チャドは2009年3月にロック・インダストリー社を設立しプレジデント兼CEOに就任致しました。同社はチャドの指揮の下着実に成長を遂げ、2012年にはNASDAQで上場を果たしています。

チャドは大学卒業後1995年にロッククライミング用具の世界的なリーディング・メーカーである米リトルダイヤモンド社（カリフォルニア州フレズノ）に入社しました。同社でセールス、ブランド・マーケティング、グローバル製品管理の責任者を歴任しました。

2003年にリトルダイヤモンド社のセールス部門のバイス・プレジデントに、2005年にはワールドワイド・セールスおよびマーケティングのバイス・プレジデントに就任。2007年にはアジア・パシフィック地域のプレジデントも務めています。その後2008年に米国本社に戻りインターネットのみで販売する新ブランド「エル・キャピタン」を立ち上げました。同事業は初年度から年商220億円をあげ、チャドによる功績は高く評価されました。

2013年、リトルダイヤモンド社の社外取締役に就任。

アーカンソー大学で経営学を専攻、ハーバード大学で経営学修士号（MBA）を取得。メアリー夫人と共にユタ州グリーンリバーに在住。趣味はロッククライミングと釣りに空手。

（2013年9月現在）

用語索引

【ア 行】

アイディア	178
アカウント・エグゼクティブ	22
アクションプラン	178
インタビュー	148
Wikipedia（ウィキペディア）	218
ウォールーム　→センター	
受付	103, 106
AE（エー・イー）	
→アカウント・エグゼクティブ	
エグゼクティブ・ブリーフィング	52
MC（エム・シー）	108
炎上	226
オフレコ	76
お土産	46

【カ 行】

会社概要　→ファクトシート	
キー（基本）メッセージ	30, 148, 198
キーワード	30, 56
企画書	28
危機管理委員会	194
企業広報	20
記者会見	84, 86, 90
記者クラブ	80, 82
記者説明会	84
記者向け勉強会	139
ギブアウェイ　→お土産	
基本スタンス	79, 148
緊急会見	208
クライシス	187
クリッピング	56
クワイエットルーム　→対策室	
ケーススタディ	126
降版協定	99, 134
広報戦略	172
コーポレート・コミュニケーションズ	20
黒板協定	80

個別インタビュー　→インタビュー	
誤報	160
コミュニケーション・パッケージ	22
コムパケ	
→コミュニケーション・パッケージ	
懇親会	97

【サ 行】

3社レク	138
CMT（シー・エム・ティー）	194
シミュレーション・トレーニング	202
事務局	194
締め切り時刻	135
社会部記者	212
釈明会見	206
謝罪会見	206
社内コミュニケーション	20, 194
取材依頼	66
招待状	100, 253
商品広報	20
ステークホルダー	19
スリーチャート方式	168
セレブリティ	118, 132
戦略　→広報戦略	
センター	195
ソーシャルメディア	218
ソーシャルメディアガイドライン	
→ソーシャルメディアポリシー	
ソーシャルメディアポリシー	224

【タ 行】

ターゲット	19, 114, 169
対策室	195
対策本部	194
チェックリスト【記者会見】	88, 250
著作権	130
Twitter（ツイッター）	219
通信社	140

テクニカル・ランスルー	104
テク・ラン　→テクニカル・ランスルー	
トーキングポインツ	30, 148

【ナ　行】

日経テレコン	68
ニュースリリース	19, 32
ニューズレター	146
ネタ	20, 24
年間広報プラン	168
ノーコメント	74

【ハ　行】

バイオ　→プロフィール	
パブリシティ	20, 114
パブリックス	19
ビジールーム　→センター	
ファクトシート	42, 263
FAM トリップ(ファム・トリップ)	144
Facebook（フェイスブック）	219
プラン　→年間広報プラン	
ブリーフィング	52, 148
ブレイン・ストーミング	178
プレスキット	42
プレスキット・フォルダ	43
ブレスト　→ブレイン・ストーミング	
プロジェクト	20
プロフィール	44, 267, 268
プロポーザル　→企画書	
返信票	100, 254
報告書　→レポート	
翻訳【記事】	130
翻訳【リリース】	38

【マ　行】

マーケティング・コミュニケーションズ	20
マイク係　→マイクランナー	
マイクランナー	103, 109
マスコミ　→メディア	
メディア	19
メディア・オーディット	162
メディアツアー　→FAM トリップ	
メディアトレーニング	158
メディアラウンドテーブル	139
メディアリスト	54
モニタリング	56

【ヤ・ラ行】

YouTube（ユーチューブ）	219
48時間ルール	81
LINE（ライン）	219
リーク	136
リスク	187
リハ　→リハーサル	
リハーサル	104
リリース　→ニュースリリース	
レセプション【受付】　→受付	
レセプション【懇親会】　→懇親会	
レポート	60, 163
レリース　→ニュースリリース	
連名リリース	36

【著者紹介】
五十嵐　寛（いがらし　ひろし）
1969年埼玉県浦和市（現さいたま市）生まれ。
1994年3月神奈川大学経営学部国際経営学科卒業（広報専攻）。
1994年4月㈱プラップジャパン入社。企業広報を中心にイベント企画・運営、商品広報、危機対応広報などを経験。
2001年1月ヒルアンドノウルトンジャパン㈱入社。企業広報のコンサルティングのほか、クライシス・コミュニケーションやメディア・トレーニングを担当。
2004年1月からフリーの広報コンサルタント、ライターとして独立。
2006年1月株式会社ハーバーコミュニケーションズを設立、代表取締役。

新版　実践マニュアル　広報担当の仕事
すぐに役立つ100のテクニック
2014年10月16日発行

著　　者——五十嵐　寛
発行者——山縣裕一郎
発行所——東洋経済新報社
　　　　〒103-8345　東京都中央区日本橋本石町1-2-1
　　　　電話＝東洋経済コールセンター　03(5605)7021
　　　　http://toyokeizai.net/

ＤＴＰ………森の印刷屋
装　丁………冨澤　崇（EBranch）
印　刷………東港出版印刷
製　本………積信堂
編集担当……中村　実
©2014 Igarashi Hiroshi　　Printed in Japan　　ISBN 978-4-492-55750-1

本書のコピー、スキャン、デジタル化等の無断複製は、著作権法上での例外である私的利用を除き禁じられています。本書を代行業者等の第三者に依頼してコピー、スキャンやデジタル化することは、たとえ個人や家庭内での利用であっても一切認められておりません。
落丁・乱丁本はお取替えいたします。